生存力を強める

幼育

西川とし子

目　次

はじめに

カラー口絵

1. 人間化 …………………………………………… 1
2. 幼児期 …………………………………………… 31
3. 家庭（父・兄弟・祖父母）…………………… 69
4. 遊び（＝学び）………………………………… 111
5. 玩具 ……………………………………………… 145
6. 家庭内育児 ……………………………………… 171
7. 環境（無意識性教育力）……………………… 191
8. 母業（安らぎ〜ふるさと・港）……………… 213
9. 知郁あそび（＝就学準備）…………………… 257
　　付記 …………………………………………… 282
10. 付録（母子協育・知郁あそび用材）………… 287

銀も　金も玉も何せむに
　　　　優れる宝　子にしかめやも

　　　　　　　　　　　　〜 山 上 憶 良

「母と幼な子の絆」

１）1965年〜J・マクビイカー・ハント氏は
アメリカのビッグプロジェクト「ヘッドスタート計画」で、
幼時期には抱擁と言葉かけが体と心に必要…と結論しています。

２）1967年〜WHO・モーリシャスでのプロジェクトで…
「幼少期における自律神経系の恐怖条件つけ機能の障害が、成人犯罪を導く…」とされました。

３）1974年〜江原昭善・京大名誉教授は
「母子の絆は１億年前の哺乳類から始まった」と述べられています。

４）1988年〜モーア夫妻（＝米国・教育省顧問20年）は
『手づくり家庭教育』で、殆どの親は子どもにとっては最高の人であり、入学さえも遅らせるべき…と述べられました。

５）2000年〜ロビン・カー＝モース／メレディス・S・ワイリー氏
は『育児室からの亡霊』にて、94名の学識者の諸研究を紹介され、保護者と幼な子との肌や時間の具体的な絆の重要性…を紹介された。

６）2017年〜アンリ・ミュゲル氏は、
「一番の宝物は子ども！　しっかり見て守れ！」…と。

７）山口創・臨床発達心理士・桜美林大学教授は
『皮膚は「心」を持っていた！』の著書にて、
「触覚は、人生の初めから終わりまで、ずっと人間の命を支え続け、その幸福感に大きく寄与している感覚なのである」と。

8）澁井展子・医療法人社団しぶいこどもクリニック院長は
『乳児期の親と子の絆をめぐって』の著書にて、
豊かな愛着関係は、子どもを一生、健全で幸せにすることができる「パスポート」であり、親が子どもに与えられる最高のプレゼント…と。

※　エイドリアン・レイン犯罪学者は
「親のよき行動は、子のよき行動を導く」…と。

※　1970年〜
キブツ育ちの３万４千人は「男性は物を相手にした仕事を、女性は人と関わる仕事を好む…」とのデータです。
（絆・幸福ホルモンと称されるオキシトシンは、女性に多い）

※　ある識者〜
『強制』はゆるやかな恐怖であり、善への傷害になりかねません。
「人格の崩壊」は真の自己が表に出ないように、抑圧されて起きるのです。
殺人者は幼時に人間性をじわじわと抜き取られたのであり、長く苦しい凄まじいプロセスを経ている！

はじめに

地球誕生から38億年後のヒト出現まで、生命の進化は系統発生をしてきました。幼な子も胎内で同じく、さらに誕生から成人化までは20年余です。

幼育は否応なく人間化・生き方の原点化です。
その場その時のスキルも必要ですが、お子の誕生に長い人生を思いやり、資質の自育化を意識して育むのが母でしょう。

古から幼時期の大切さは「三つ子の魂百まで」などの格言や「玩具」などの漢字でも伝えられています。
次世代＝明日・未来・命です。幼時の資質化と重要性を認識せよ、との貴重な助言は2017年度のノーベル経済学賞受賞者からも提言されました。

いうまでもなく、種は生の直後から、その種であるべくを開始します。殆どは遺伝子化され、桜は桜たるべく、猿は猿たるべく…を急ぎます！

ヒトはさらに高度に進化して、遺伝子を主に従う生ではありません。
直立二足歩行化による身体機能や共存性による社会化、さらに大脳による人類智の高度化などを遺伝子化させても、各自が生存中に人間性開花や人間力発展に努力します。その自意識こそ、最たる遺伝子かもしれませんが、お任せの依存や放置ではお子にあい済まない！

全ての人の知識や想像力・感性・暗黙知などは異なり、各自の個的な努力によります。遺伝子依存で生きられる人間社会ではなく、多様な人生で自力の成果も得るために、旅立ち準備の資質化を意識すべき幼育です。

生きものの大原則である幼育は、卵生を除き現場的で親の手がかかります。保護支援は、鳥や獣でも親世代（や社会）の義務・責任です。
ヒトの対応ではお子のみならず、両親や祖父母の代までも、いえ次々世代の何代にも世代連鎖し、輪廻であることが立証されています！
とても、とても、とても大切な初期化なる幼育です！

ヒト化は身体を歩行で、脳や心・社会性は多様と共感性・共存力で進化しました。
原点から遠ざかれば、人間化に脆弱の不安を招くかもしれません。
正当な自己防衛は生命保持ゆえに許されますが、エゴイストや我欲・略奪や搾取などはヒト進化の原則に反し、不快不利益です。
次世代の繁栄にも支障を来たしかねず、許されない行為です。

誕生後の無能・無知・不自由と言葉無理解のおびえに、肌や声の具体的な人の手で安らがせ、愛の確認で、生きるべき共存と仲間OK！へ。
生への歓迎を臨界期にすり込み、不安・孤立などの否定性の低下で、反人間性化を防げましょう。
むやみな怒りや憎悪・嫉みなどの非人間性や犯罪も減少し、次世代も地上の在住を感謝できましょう。

現代世界の大変化で、日本社会も大きな影響を受け、今や幼な子の姿もあまり見られず・触れず、知識とルールで生きる大人の小型視や無知ゆえの異物視は母業にも及んでいます。
社会的な教育力は減少し、ロボット化などにより、日本社会の生活体験不足による能力の低下が育児にも及んでいるように感じられます。

無知の恐ろしさを、仏陀は「罪！」と説かれました。
今、少子化による幼育の無知無能性の多大な損失は黙視できません。

母ゆえの、お子をなさしめての悲しみは、決してあってはなりません。

ここに半世紀余に及んだ体験と学習の成果を、遺言としてお伝え致します。決して、誤るわけにはいかないことで、知って良かったと思われるように心して参りました。
（情報は各位の著書・新聞・TV・講習・美術館・経験などの雑学です。研究書・学術書等ではございません。ご了承くださいませ）

お子就学までの、長くはない貴重な数年間を、どうか悔い少なく過ごされますように…。

　　＊幼な子育てに限り、就学児童は対象ではありません。
　　（文中の敬称略のご無礼をお許し下さいませ）

『天彩子』
（どの子も"天彩子"なれ！）

限りなく広大な宇宙の一隅に、煌めき輝く太陽系の
すずやかな我が碧き宝玉"地球"
麗しき水の星に生まれて、命は讃えられる
はるかな遠くから訪れる光とエネルギーに満たされ、
大地は暖かな熱と鍛え安らぐ重力を贈る

健やかに強く生きよ、我らが子よ！
大地を踏みしめ、誇らかに立て！
清らなる誠意を、共にある喜びを、
　　　　　　明日への切なる努めを
気高い波動にして、たえまなく天空に返せ！
人としての美しい祈りを、
　　　　　　はるか彼方の隅々にまで放てよ！
許された存在を心より感謝して…

　　　　　　　　　　　　　　　　としこ

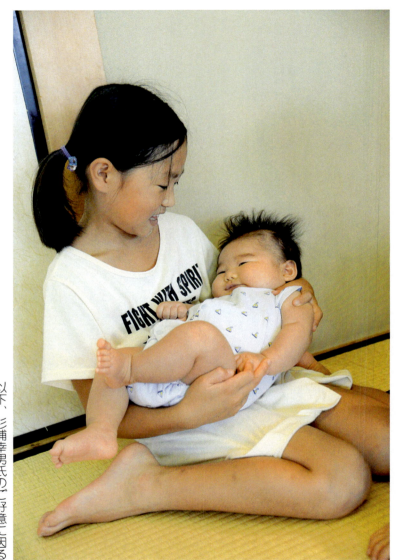

以下、杉浦幸男氏のご好意に因る

1．人間化

1．誕生
2．時間（＝育児・現場）
3．幼育の指針（＝ママの願い）
4．真善美
5．コミュニケーション
　　（共感・共存→社会適応化）
6．愛も学習！（「ノー！」も）
7．好奇心（→学習力）
8．生活習慣（＝能力）

1．誕生

600万年いえ…もしかしたら、1300万年も大昔、安全で食べ物もすぐ得られる美しい緑の生活から、追いやられた弱い類人猿たちは大地を歩くしかありませんでした。

とても長く長いこと…ハダシで、襲われるのを警戒して常に頭を高く上げて、歩き・歩き・歩いてついに直立二足歩行を確立しました。
前足は手になり、5本の指を自由に動かして物を維持し作り、環境を改良する手立てになりました。
重い頭を支え続けて、背骨の最上部は発声機能を強め、言葉が増えました。情報と意思が速やかに正しく伝わり、もはや群れではなく仲間であり、助け合い共存しました。

ゴリラなどの類人猿は3～4年間を殆ど1母1子の密着育てで、多様性や社会性を学ぶ機会は殆どありません。手＝前足はバランス良い歩行で、脳もゆったりとしたのか、ヒトとの遺伝子の差が僅かに1.6％とは信じがたい事実です。

ヒトはなぜか多産的で毎年の出産もあり、1母1子のみの密着育ては困難でした。
やがて仲間意識の共存性からでしょうか、協力して育児し始めました。
0才から老人までの異年齢の大家族の集合形態での共存生活では、多様性や変化に富み・緩やかな刺激は多々・好奇心が育ち・退屈知らずで、さらに脳は活性化したのです。

仲間への信頼や共感・共存性は無力なヒトの生存には有利で、必要です。

1．人間化

時には力を合わせて、マンモスまで捕獲して食べました。
仲間と変化・多様の環境で大脳はいよいよ発達し、やがてルールを作り、さらに安らぎ、地上最強の生き物になりました。

直立二足歩行がヒトの身体を作り、共感や共存性がヒトの社会を、多様性がヒトの脳を作り上げました。手と言語や多様な環境・共存意識などで脳は巨大化し、ついに出産障害を来したようです。
やむなく、ヒトは未熟な胎児を生理的早産するようになったのです。

赤ちゃんは十月十日（とつきとうか）も羊水に守られてゆらゆらと快い水棲生活から、突然陸棲動物に変えられます。肺呼吸し、お乳をお口に差し入れられてやっと飲み、重力も加わった全身の重みをその背に受け続けて動けず、やれることは排泄と「泣く」だけ！

胎外への誕生に驚き・ショックで、そして以後は何も伝えられず・不自由で、どんなにか辛く・悲しいでしょう。飢えの解消と暖かい肌に安らいで、一時の快で耐えられ、生きられたのでしょう。
（辛いことは早く忘れる脳力に支えられながら…）

２．時間（＝育児・現場）

シュタイナーやモンテッソーリは１世紀余も前に、幼児期を７年間としました。
その後に２倍の14年かけて、ようやく、無能・無知・無力・不自由の生きものが、最も賢く有能な「人間」の成人化します！

（社会を１人で生き抜ける最低の能力には、最少の必要な知識や団体生活を義務教育で修了し、他人に不快感を与えないマナーは挨拶・食事・

応対などと多々、身につけねばなりません。
さらに豊かに感性を磨き、終生の学習などで自育すれば、満たされた一生になるでしょう）

誕生後の日々刻々の吾子の変化・成長に、幸せに繋がる導きはいかにすべきか？　何を与え育むべきか？　愛ゆえの不安と母業無知に苦しむママもいます。
全ての母は愛児に、強く・幸せに生き抜いて、ハンデな人生を送らせたくないと願います。

お腹に宿ればまず、健常の出産を願い、ようやくの母子共の無事にホッとすれば、お子は則刻成長を始め、変化し進化し始めます。
明るい・人並み・素直・優しいなどを願いながら、次第にそれだけでは生き抜けそうもない、と次なる不安に焦りも感じます。

「いかに生くべきか、あるべき人間性は？」などは、多くのなりたてママには即答は得られそうもない、有史以来の大テーマですが、長い一生に影響する幼育の「資質化」には、無視はできません。

ヒトから「人間」に進化して、多くの資質が育まれました。いえ、何よりも「共存」で進化できました。それは「人間力」の基本であり、「共生」への知恵なる分け合い・労り・忍耐・学び・励まし・支援などの共感で、人類はさらに高度に進化しました。

その良き資質に反する「我欲・憎悪・怒り」などが、犯罪の原点であり、可能な限りそうした資質化を防がねばなりません。

変化のスサマジイ幼育では、その場的なスキルや手当的な母業学習で

1．人間化

は、追いつかない！
とりあえずはまず、根本的に人間化育児を考えるのが、応用力になり、変化に対応しやすいでしょう。（文章問題の解き方を１問ずつ、教えられていてははかどらないように）

誕生直後からの応対は驚きなどもあって、つい無意識的なお世話をくり返す日々です。それは例え追われて、無意識でもまもなく「すり込み→癖や習慣→能力化」し、一生の生き方の原点化です。幼な子は見・感じるもの全て初めてのことで、吸収力がとても強いのです。
無知で言葉も使えなくても見・感じれば、知り・分かり・反応し・記憶し、脳の情報化です。
やがてマネ・トライし、やれて・楽しく・くり返し・自分で育ちます。
日々の驚きや刺激を楽しみ・受け入れ、変化し・成長しながら、習慣化し躾にもなります。

「時間＝育児・現場」です、時は流れ続けてストップしない！
無自覚な対応や思いもそのまま育児方針になり、お子の脳の最低辺に入力され、そのように成長発達します。
だからこそ、幼育にも古から多くの諺で助言されたりして、今なお有識者方から続いています。
とりあえず人生や生き方を考え、整理し、無意識性育児を意識化するのが、お子への誕生プレゼントでしょう。

赤ちゃんだから…とゆっくりしていると、あっという間に入学式です。
願いと押しつけとは違います。
ご自分の思いがお子の幸せに連なるかを意識すれば、お子の主人の「毒母」や、逆の「奴隷母」も防げるでしょう。

幼な子は人間の原点・種子です。
進化の原理が遺伝子化させたのでしょうか、ナゼか「人間」は生まれつきのように真善美を好み、その高きを求めて止みません。
また、共感・共存・共助し、本来は自己中心ではありません。
人間性の開花をめざし、崇高な姿を見せながら、やがて偏りを強制されてしまう可能性は何としても、防がねばなりません。

『幼育＝現場・時間→成長（思い→躾・習慣化）＝資質化（育児方針）』
が人間性の基礎化です。赤ちゃんは何もないので、吸収力は強く、まるで目に触れ耳にするモノやコトを全て瞬間記憶し、即刻長期記憶化するようです。後からの修正変更にはかなりの努力が必要です。

21世紀になりながら、もしかしてヒトは退化のようです？
人智は弱肉強食化を強めて、格差や階級化を進め、お互いに対等に生きる共存化を否定しているようにさえ感じられます。

デジタル化やAIの進化はまもなく、早々と人の資質をも選別し、不運な多くの犠牲者はハンデで絶望のみ…になりかねないとも案じられます。杞憂を願いますが、デジタルの進化は余りにも凄まじく、想定外とはまさにこのことでしょう！

母なれば義務と責任に気を引き締めて、のんびりと吾子の笑顔に浸ったのを後で悔やむのは避けねばなりません！

３．幼育の指針（＝ママの願い）

全ての母の願いは、吾子が「無事に生き抜く！」こと、ゆえに「健康第一」、そして「幸せ」で、無用に苦しまないことでしょう。

1．人間化

それゆえに、人生の基礎化・資質化に望むべきは、健康体・自立・自己肯定・自己主張と防衛・自育力（前向き・有能・コミュニケーション…）などでしょう。以下が考えられます。

自由（＝自立）
幸せの第1条件は自由です、不自由や奴隷状態は誰もが否定します。
動物という言葉にも、動く（＝自由性）ものとあります。
自由は自らの動きで、基本です。第1は身体、第2は心・精神、3番目は生活技術などの基礎自立、4番目は経済的な自立を考えられます。

第1に「身体」 が健康であれば、やりたいことがやれ、行きたい所には速やかに行け、時間を有効にでき、自由の快感も得られます。
他を煩わせることも、我慢も少なく、日常生活の多くが思い通りです。
まずよく這わせ・歩かせ・走らせて、血行をよくし、身体機能のバランスをよくさせます。楽しさや満足で、穏やかで、泣いても早く黙り、食も進み、熟睡します。

屋外での遊びは行動範囲が広く・活動量も増え・緑の安らぎや酸素・オゾンの支援も得られます。血行がよく、疲労は満足感をえて、熟睡します。脳内ホルモンのセロトニンがよく出て、多くのプラスがあります。食事や休養、安らぎや励まし・導きなどの精神作用にも影響します。

第2の「心や精神」 にこそ自由が重要です。
無意識な思いや行動などの全て、つまり生きざま全体に、しぜんに大きく影響します。見えず触れられない心・精神性は、見えなくとも必ず「有ります！」。
多様で4次元的で、成長に従って高度化し、留まりません。

こだわりや思い込み・押しつけ・狭い価値観や言動で否定や修正が多ければ、時間の浪費です。また、怒りや悲しみでストレス増や実損も多々あると、不自由で不快で、前向きに進みにくいでしょう。

心的な現象は、言動やイメージ・創造力・頑張り・我慢や、お断りも自己主張もさまざまで、見えないのに実際にある働きです、表現です。
肯定されて、自制心が育てば、忍耐しやすく・寛容でしょう。
共感し信頼できれば、誤解は少なく・励まし合え、孤立もしません！
自立し・自己肯定できれば、コミュニケーションもできます。
自己防衛でき・辛い奴隷にはならず・前向きで、生存力が強くなります。（「嫉まれる」可能性はありますが…）

対人での一方的な「自由」は×！（言うまでもない）
当人は快適でも、対する仲間には逆に不自由です。不自由を多く受け入れるのは奴隷的で、不快です。
自己中心的な自由はやがて友や仲間から避けられ・否定され・嫌われて、安らげず、「幸せ」とは反対になるでしょう。

幼時は押しつけや否定をできるだけ避け、危険や容認不可のわがまま以外は、自由にさせ・トライを多くさせれば、自主的・意欲的になります。
好奇心の満足や自信で前向きになり、有能に自育します。
バランス良く自由にさせ・肯定し・多様な「もの・事や人」に触れさせ、楽しませて快感をすり込み、潜在意識化させます。
きっと長い人生の時間浪費や後悔が少なく、自育して、難関やハンデも乗り越えるでしょう。

（「基本自立」の概念や言葉もありませんが、就学期には最小限に自立し

ます。最低の日常活動が可能になり、言葉やルールも理解し、とりあえず学習集団に身をおけます）

第3の「生活・家事」は欠かせない必要な日常雑事の実動で、独り暮らしにも必要なスキルです。自力でテキパキと進められるなら、快適でしょう。
自由性雑多事で単調でも継続が必要です。義務性や忍耐力が必要で、整理や計画も自主的な働きです。

「出産や幼育」が加われば、不自由多々と予定不可・無知無能っ児のお世話や相手で、ママの生活維持の義務意識は苦痛感さえあります。
報酬のない必要ワークの残業の激増ですから。

生活の自立・自主行動に慣れてスキルの高い人と、不慣れな人とでは、認識や判断・決断や、清掃・料理などの生活プラス化の作業力に、大差が生じます。
自分のことは自分でやる自立性や、家事協力の責任感、また他人から与えられる不合理に甘えないなども、生活には必要で有効でしょう。
（近年の女性労働の評価は、これらから培われたのも一因でしょう）

日本ではまだ、男子にしてやるのが良母・良妻の風潮が残り、何もさせずに育てたりします。受けるばかりで、生活スキルや義務感にうとく、されて当然で感謝も感じられず、自身に甘い…ように感じられます。
（一人娘のワガママ・無能性も見受けられます）

モンテッソーリの「やらせるのが母！」の言葉通りに、ドンドンやらせて自立化させましょう。
２歳（１歳でもやれることもありますが）からやらせ・学ばせ、生活技

能や作業力も育てます。家事をマネ・ヤリたがりますから、「自分のもの・こと」を意識させ、スキルアップのチャンスです。
（すぐ、飽きますから、ママの賢い押しつけ対応が求められます）

幼な子にすぐ「もの」を与え、「こと」に応じれば、即喜び、エンゼルの笑顔を見せます。
大人が嬉しくて願いを叶えたがります。が「即与えられる喜び」は一瞬的で、甘やかしです、無能化です。
不自由のない状態は、待てず・飽きやすく・得られた喜びもないので、ホントはつまり…楽しくはないのです。

生きものの成人後は自力で食べて生きるのが大原則です。
現代人にはさらに「**経済力**」が不可欠です。
（幼育や介護・療養中などでは困難ですが、家族内での合意で分業なら、本来は折半すべきで、謝礼？　お小遣い？　があって然るべきでしょう）

有能で・学習力もあり、認識力があれば誤解やミスも少なく、推理・予測し判断・決断ができれば、優秀な職業人になり、生活不安も少ないでしょう。
さらに事実を直視できる修正力があれば、ミスには速やかに訂正やお詫びもでき、望ましい社会人になるでしょう。
ゆとりがあれば、困っている人を支援もできます。

自力で動けても、幼育や介護も無用な成人が不就業し、引きこもれば、非自立の当人も辛い日々でしょう。そうさせないことも大切です。
自他と社会的な損失は計り知れないでしょう。

1．人間化

人生の原則は、自力の生存であり、同時に社会人の義務です。
家来でも主人でもなく、自由な意思と自立の言動で独立した個人でこそ、仲間でいられます。また無意識であれ、社会を維持し、歴史に参加しています。

収入の多寡は運不運もあり、人間性とはおよそ無関係です。
しかし、必要な経済活動は社会人の契約であり、属するシステムにはルール上の上下性もあります。
システムの場における能力の評価は当然ですが、日本的な役職呼びは欧米では少ないようです。人間性の価値や評価とは無関係ですから。
（経済的な成功は、自立や納税での貢献、また多くの人を助けられます。励み努むべきです、フィンランドのように…）

幼育ママに直接の収入がなくても、パートナーとの暗黙契約での分業で、公金の委託育児費の減少という、大いなる見えない間接的な社会貢献は事実です。
幼な子の伸びやかさは良い資質化になり、ホームを、さらに秩序ある安定した社会の基礎を作ります。（ママ！　お小遣いを頂きましょう）

4．真善美

ヒトはなぜか精神的な生きものらしく、誰もが真善美を好み・求めます。
人間の本質らしく、「ホントウ・良い・美しい」はなぜか快く、感動しながらも安らげます。（江戸時代の知多（愛知県）の学者・細井平洲は、感動を「人を化かす」と表現し、その言葉は、歌舞伎役者の励みにもなりました）
自然のほんものや変化、そのＦ分の１の揺らぎで、ヒトは心を動かし

て生き続けてきたのでしょう。
（単一な形や色・音の機械的な日常化は、まだ百年も経ていません）

何百万年も馴染んだ大自然の空や海・川・山々や森や木も葉も花もホンモノは、誰にもいつも美しく快く、触れていたい！
感性と技の最高峰なる名画や名品もただに美しく、多くの人々から求められ、長々と賞賛されます。
衣食住や持ち物などの日常環境にも、高価でも美しさや感性に合う上質な品を選び求めます。

「真」も「善」も精神性や生活の全てに、無意識的に求められます。
嘘のない人には安らぎ、違和感が少なくて信頼し、共存できます。
利益がなくても快く…、筋肉はゆるみ、血行もよくなります。

嘘や偽りは不快でイヤですし、汚物やばい菌は汚く見え、触れたくない。すぐ壊れたり、まずい物も不快で、ナゼか緊張し・筋肉もこわばり、気づかない疲労をしてしまうでしょう。
可能な限り、非人間的な言動も避けて、穏やかに美しい環境で、自主的な体験を多くさせ、真っ直ぐな感性や性癖を育てましょう。
（親や祖父母がほんとうに楽しむ事は、やがてお子も好むでしょう）

見て分かる形や色・音もさりながら、瞬時に過ぎる行動にも美を求めて、「躾」という文字があります。
身体（＝動く）の美とは、外見やふるまいではなく、日常の行動の現れを意味し、即刻過去になり消えるのに、それでも美を良しとします。
爽やかな良い生活習慣も大きくみれば、躾です。

「早寝早起き」は体内時計に叶い、健康にも学習や気分にもプラス多々

です。「挨拶」は他に肯定を送り、受ける方もナゼか快いのです。
また「食事」は他から命を頂くので、敬意と感謝を現わして、脱帽し、手を合わせ「頂きます」・「ご馳走さま」をします。
好き嫌いは、食物の命に失礼で、偏食しなければ栄養バランスが良く、誰とでも楽しく頂けます。

幼な子もよく「ホントウ？」と聞きます。
教えないのにハイレベルが分かり、憧れ・マネ・トライして、レベルアップに努力します。知りたがり・学びたがり・努力し、自育します。
環境を整え、運次第で、天才に育つ可能性は確かにあります。

幼くても美しいもの大好きで、きれいな石ころや木の枝を見つけて愛しみ、野の花を喜びます。金銭的に評価されない美しさを愛でるのですから、大人よりも眼識力があるようです。
人間性の共感・共存を喜び、他の子のラッキーにも心から喜びます。
素直で、好奇心などで意に反したいじわる？もしますが、されてもすぐ忘れ・仲良くなり・憎んだりしません。

自力の成就を最も喜び楽しみますから、「やれたネ・できたネ」と事実を認めて（＝見・止めて）、励ましの笑顔があれば、さらに前向きになり自育します。
簡単で、やれて当然なことに、過剰な「お褒め」は止めます。
むやみな「お褒め」は大人の打算と見抜かれ、嘘には違和感があり、また自惚れさせると「幼時性万能感」が育ちやすい。（努力しない子になる）

大人が記憶させようとすれば、自己保身のために、よく記憶します。
褒められる笑顔が嬉しく、くり返せばレベルアップします、暫くは…。

しかし、自主的ではない、自分のやりたいことではない、やらせられている、大人に合わせられている…という意識や事実は残ります。

必要なトレーニングであれば、大人の気迫でわかります。
毎日、必ずくりかえされる継続は、やがて自分の義務と受け入れ、高レベルなら感性を伸ばし、やがて満足し続きます。
昔は大寺や学者の家を継承のために記憶を重視し、早期教育をしました。
今日でも歌舞伎や能狂言、茶道などの伝統的な家では、継承すべき知識やスキルは多いですから、続けられるのは必然で、継承されています。
とても高度な能力を多く必要とする仕事なら、やがて魅かれ・価値が分かり・受け入れ、前向きに努力するでしょう。

幼な子は遊んで（＝自主的でしぜんな学習）、快感や楽しさで情報がインプットされて、自育します。自己肯定し、仲間に共感し、学び、生きぬく力になります。

私たちの人生は誰もが、初めての未知の道を歩きます。
就学も就職も、結婚やママになるのも全て初めて…で、実体験や練習後にトライはありません。迷い困っても留まれず、時はひたすら過ぎ去ります。真善美の良き感性はきっと、その支えになるでしょう。
第六感や直感力とかラッキーといわれる感性は教えようがなく、形式知や暗黙知からも遠く、不明確な感覚で、あるようなナイような…
でも、アリます！

何気ない行動で命が助かったり、無意識な決断が役立ったりして、不運から身を守れるのは、この感性によるのでしょう。
プラスするものやことを、無意識に脳や身体が感じるのでしょう。

1．人間化

危険を避けられるのは、危険を感じとり、即、必要な鋭敏な行動がとれる心身だからです。

否定や肯定を察知する鋭い感性も、未知なる人生を幸せに生きるために望ましいものです。受け入れ好きな幼時には、感性もよく伸びます。
「真善美」の環境で、感動して・心が動き・エネルギーや意欲を得られ・励まされ・癒されます。真実は快く、美しさや善いものも快感です。

それらによく触れていれば、いけないものや悪いものなどの不快さには鋭く、違和感を感じます。しぜんに何となく…、必ずわかります！
反対に…不快も多く受ければ、それに慣れ、違和感もないでしょう。

赤ちゃんこそは鋭く、真善美がわかります。暖かい肌や声、満腹の快感にエンゼルの笑みを浮かべます。
が、不快が重なれば、慣れて鈍くなり、泣かず（知らせず）、ほんとうの善い快感を知らずに育ちます。

幼な子は春の鮮やかな１本のタンポポを、道ばたの美しい小石を喜びます。善いことをして喜び、認められたり褒められたりすると素直になります。「真善美」の前向きの快感の環境で、心してお育て下さい。

５．コミュニケーション（共感・共存→社会適応化）

ヒト化の原点である脳の過大化は、多様な環境による適度な刺激に起因します。好奇心や少しの相違による思考力は、個人のみならず、人と人の間の触れ合いにも役に立ち、人間力を高めます。

人は、他の人との関わりなしでは生きられません。即ち、コミュニケー

ション力は**社会生存能力**なのです。
直接触れなくても、他者の姿が見えなくても、緩やかな共存であり、情報を得られ、独りぽっちではない。母との「絆」を原点として…。
（幼な子は無知ゆえに不安で、知らないことには怯えます。暖かで万能の神のような母によく触れ、支えられる経験を重ねて安らぎ、トライもしやすくなるのは当然です）

さまざま物や技術、芸術やシステムなどなど、全ては多くの他の人のおかげがある事実を思えば、感謝でき、孤立感も少なくなります。先人の多くのご苦労で、今の自分があるのは事実で、ホントウのことです。

コミュニケーション（社会性）は見えず・触れられず・バーチャルで・多様で・同じ場は殆ど無く、天文学的な「こと」です。
共感や共存性・認識力や学習能力・責任感なども要り、何よりも信頼や自己主張力が必要です。

さらに人間性や感性・知性・マナー・経済力などが付帯的に影響します。大勢の集団に属しても同一化では、コミュニケーション力は育ちません。多様な対応や体験から自力で学びとる「暗黙知」・「経験則」です。押しつけ指導や教材学習は不可能です。孤立はハンデです。

幼時はまず、身体に触れて、孤立の不安を消すことが必要です。
触れ・聞き・実感して、孤立の不安が消え、やがて刺激に応じて自ら動き始めます。ママの手や肌・目の身体のお世話で、生き始めます。
（大家族制度下で大脳が発達したのです）

1．人間化

６．愛も学習！（「ノー！」も）

「人間」の資質化に重要なコミュニケーション（仲間能力）は、受け入れられ・肯定されて可能です。他からの肯定は強く確かであれば、「愛（お世話・時間）」であり、お返しも他から充分に受けてこそ可能です。

幼時は「アナタ！が大・大好き！　アナタが大切！」と愛を具現化されて、分かり・快く・安らいで、不安や恐れの少ない現場が必要です。
（大人はその言葉の証拠＝物までも欲しがります）

幼な子は物ではなく「コト＝お世話」（肌や抱っこの触れ・笑顔やイエスの目・暖かい声などなど）を求めますが、必要不可欠なのです。
人間は誕生後に無償的なお世話や心遣いの時間と、衣食住の具体を与えられて育ちます。全て他から得ます！
以後、精神的なこと・文化や学習・物や社会システムなどの多くが与えられますが、お返しは少しかもしれません。

愛は他があってこその、１人では不可能な・やり取りの「こと」です。
最上の「安らぎ」であり、与えられると不思議に（当然？）喜びや癒やしで、感性・脳・能力・意欲も活性化します。
躾などの「必要なノー」も理解し受け入れます。（一応泣いても）
愛は心の食事であり、具体的には「目・手や肌・声」の時間です。

歴史は社会の産物ですが、意思の伝達や言動が実に多様な人は皆違い、天文学的なあり方です。
自己主張し自己防衛も、自立もさまざまに必要な社会です。
が、例え理解できても、すぐにはやれません。身体が動きません。
愛されて・トライできて・くり返して〔試し・トレーニングし・確認し

て）、やっと可能です、見えないことですから！

愛育され・受け入れられるのは安らぎです。ワガママを言い・自己主張し・否定し・ヤンチャし・イタズラもトライできます。
「ノー」され、叱られても、納得します、一応。（泣きもして…）

自己肯定させる「愛（目と手のお世話・時間）」を充分に受けてこそ、躾や忍耐などの必要な否定を受け入れ、不安や恐れも乗り越えられます。
ノーもきっぱりと恐れずに言えて、自己主張し自己防衛できます。
『自分を大切』にすることが「身体で分かり」、やれます。

必要な否定の躾などを、自身が否定されたと錯覚や誤解せずに、行為の矯正と正しく受け止めます。
（喜びませんが…、いえ時には内心喜んだりもします）
厳しい事実でも、トラウマや心の傷にはなりません。
（愛の実感が少なく、否定や押しつけが多くて、不安やおびえが強ければ、事実を受け入れず誤解し、劣等感や消極性が強くなります）

『愛も学習』なのです。知らない事はやれません。
愛されてこそ、愛せます、知っているから！
愛は独りでは成り立ちません。「他」からお世話や具体的（ホントウ！）に優しくされ・満たされ・与えられて、「愛」を感じて・知って、「孤独×！」に安心します。
心身の安らぎは生存に有利です。
（独りでは共感や共存の安心感はない、また多様性がなく賢くなれないと、ヒトの遺伝子にあるのでしょう）

1．人間化

愛は心の食事であり、具体的には「目や手・肌と時間」の関わりです。
一方的に長期に愛し続けるのは、「母・親」に可能であり、普通です！
特に近年では、老後の見返りなどの先行投資性も少なく、実利はあまりなく、その幸せを願う精神的な喜びです。
心も時間も費用もただ与えるのは、まるで女神様の神技のようです。

ママの全てを尽くさせるかのお世話で人間化開始です、ホントに「赤ちゃんは贅沢な生きもの」なのです。
赤ちゃんの天使の笑顔は無意識なお返し？
もしかしたらDNA的な、逞しく生き抜く戦略かも？
多くの生き物も幼時は何とも愛らしく、大人がしぜんにお世話したくなる容姿です（地球則でしょう？）

愛されているお子は笑顔多々・伸びやかで、出会えばその存在で大人や高齢者はしぜんに和みます。
互いに受け入れられる安らぎで笑顔になり、静かな嬉しさや喜びは「何も食べなくても不思議にエネルギーが増え？」元気になります～～

愛されていないと思い込めば、欲しい・欲しい・欲しい！
ママの視線が・肌のぬくもりが、もっと欲しい！　満足できない！
見て・見て・もっと見て、もっと抱きシメテ！・お話して…
愛して・愛してヨ、もっと・もっと・もっと…、ギブだけをギブして！

緊張し・不安で・羨み・不満でよく怒ります。他人を悪く思いやすく、反省ナンテとんでもない！　共感？　信頼？　安らぎってどういうこと？　いつも不足で飢えて・守られていない！

トテモ貧しいと感じ（思い込み？）、不安で寂しい！

いつも自分を・自分で…自分第１に、やがて自分のみを守るのに懸命で、いつのまにか自分１人が大切な、ホンモノのエゴイスト化します。

幼時に愛情飢餓と思い込めば、一生愛して・もっと・もっとと、潜在意識化します。（ひたすら欲しい…ばかりで、共存×！　共助も×！）
人間関係の平衡感覚が鈍くなり、認識がズレやすくなります。

他人から特に優しく労られても、当たり前と受け取るなど、甘え過ぎて、感謝ができない（分からない）などもあります。
善意や優しさが分からず、当然！と錯覚すれば、厚かましさが度を超え、やがて良き人にも去られるでしょう。
（親子や師弟・恋人でもないのに、多くを与えられたのなら、感謝し、また、過ぎないようにすることができないのでは、孤立化します）

逆に、優しさが過ぎて、お人好しで・ナメラレ・利用されます。
ギブし過ぎて・裏切られ、さらに奪った相手から嗤（わら）われます。
孤立は異質性にもろく・分かり辛く・錯覚しやすく・適度さにうとく・認識無能になります。その修正はとても困難です。
（無関係な他人に、突発的な犯罪は、その証しでしょう）

もしも親の願いが従順で大人しい子＝親にラクで良い気持ちが強ければ、お子はその気持ちに従わねばなりません。
自由なく・「良い子ちゃん」の押しつけに、イヤイヤ従いつづければ、自立を知らず・育たず・ギブばかりのイエスマンに育ちます。

親の不当な日常生活の保護×や、精神性放置の冷酷性は、「ノー」できない奴隷性向になります。いつも内心は寂しく・不満で・疲れやすく・マインドコントロールされやすく、被害性意識的な弱虫に育つかも？

1．人間化

（なめられ・つけ込まれ・引き込まれ・利用され・虐待されてなぶり殺された中高生の何人も、また、一流企業の高学歴の従業員の自殺もマスコミが近年伝えました。「ノー×？」か「独り×」か、知る由もありません、間に合わなかったことですが）

「ノー！」のトライも、体験不足ではやれず、トレーニングしなければ、一言さえも恐いのです。わずかな自己主張や正当な欲求にもおびえたり、過剰な罪悪感を感じたりします。優しく思いやり過ぎや与え過ぎも、どこか緊張が続き、安らぎは少ない生きざまでしょう。

（儒教的な社会の名残か、親や年長者からの命令・否定に従うべし…？「愛」されていると信じられるならば…、安心してキッパリと「ノー」の自己主張もできます！　伸びやかに好奇心を満たし、イタズラだってできるから、やがて「イノベーション・トライ」もOKでしょう？）

低レベルのお子とのお付き合い生活で、ママのイライラはムリもない、のですが、幼いお子の自由こそ、お子への最上のプレゼントです。
イエス・ノーがやれる自由の楽しさ・好奇心の満足などで、お金でも時間でも得られない、人生の幸せに直結する感性が育つのです。
（生んで愛さないなら、「虐待」でしょう）

何にでも興味をもち、すぐ記憶し（すぐ忘れます？）、最も愛らしい時です。退屈まぎらしの食べ遊びで困らせるかも。
１か月ほどさせたら、強引に止めさせて良いのです。

（成長後の突然の家庭内暴力や引きこもりの多くは、長く頑張り耐えた「良い子ちゃん＝×！」と分かり、価値観の崩壊に絶望して…始まります。エゴな親の受け入れに、成長して疑問や不信が生じ、やがて自分の

未来を絶望し、怒り荒れるのでしょう。コミュニケーションOKなら、家出とか？）

愛の安らぎ不足は怯えさせ、人間性を歪ませやすく、暗くさせます。
長い不信感多々の生活を修正させるのは大変で、生やさしくない。
（幼時期なら、短期間で容易でしょう！）

ほんとうに強い人を見て・憧れ、マネ・学んで、努力しトレーニングして、強くなる…。お子はそのように生きたいのです。
ママの保護下の幼時にこそ、喧嘩もさせ、叩かれて泣き、弱さを（程良く！）知れば、強さに憧れて、いつか必ずやり返せるでしょう。

ドジやミスで迷惑をかけたり・かけられたりして、さまざまな関係や人に触れます。多様な経験や知識で、選択し・判断し、劣等感は少なく、強くなります。（弱虫の中でトップになっても、弱虫です）
仲間（人間社会も）はギブ＆テイク・テイク＆ギブの世界です。
ギブばかりやテイクが多いなどのアンバランスは仲間ではない！

物なら見え触れて分かりますが、意識は目に見えず、計れません。特に幼な子には。（親子は特殊な仲間！）
知識や体験・知性・感性などの総合力で、何となく分かり、可視化は×で、時にはズレもミスも致し方ないですが、修正も可能です。
その前に、愛されていれば、少々のことは気にせず・こだわらず・スグ忘れます。信頼が寛容にさせるのです。

仲間であるためには、ギブ＆テイクのお互い様で可能です。
テイクが少なく・ギブが多過ぎれば、仲間ではありません
自由や共存権は基本的な人権です、民主主義国の国民は基本的に隷従

×な、自分を大切にできる生活が可能なのです。

７．好奇心（→学習力）

人間は知り・分かるのを喜び、時には10年以上も諦めずに追究する研究者もいます。優秀な彼らのおかげの今日です。
（かのウオルト・デイズニー氏も好奇心の重要性を語られました）

未知と変化（＝進化）を好み、知りたい・見たい・やってみたい…などと好奇心の強さも、幼な子の特性であり、また願いなのです。
その喜びや満足は学習力の支え・前進の喜びです。

好奇心は探究心の礎であり、感性や知性への導きです。
正確で・広範で・高度な認識（＝ホントウ）と未知の世界へ誘う、人間的な能力です。
大人にも高齢者にも、知的な喜びは人生に大きな恩恵を与え、癒やしになり、誇りにもなり、間接的な生存力とも言えるでしょう。

好奇心にも自由が必要です。
２歳頃まではイエス・ノーも理解できず、ひたすら丸呑み・マイペースですが、好奇心はとても強いのです。
０歳児さえ這いながら、米粒よりも小さいゴミらしきを、素早くお口に入れ、味を調べたり？（「なめる」も人間化に必要な経験のようです）

１歳児の外出では、すぐお口に小石などが入れられますから、要注意です。
この時期（０〜７歳）に、危険でなければ自由を多くさせ、屋外も楽しませ、見せ・聞かせ・触れさせ・やらせて、知る喜びを育めば、生き生

きして伸びやかに自育します。彼らの時間有効率は最高でしょう。
（大人が望み与える知識では興味を引きにくいのです。
自らのマイペース刺激が楽しく、興味が続きます、即ちあそびです！）

ミスもOK！　ミスを知ったのですから、それだけ賢くなったのです。
知らないより、ずっとずっと良い！（大人は沢山知っているから、賢く強く頼りがいがあるので、早く大きくなりたい！のです）
壊れても・汚れても、痛さも悲しみも、ママのお膝で一泣きしてハイ・OK！（長泣きなどしていられナイ！　お次のトライが待っている…）

単調で刺激のない生活であれば、臨界期的？に知りたがる能力は伸びないのか、じっとしたがり・無表情・無関心風な顔つきになります。
また、次々と急いで教え込みたいママでは、マイペース性不足・不自由で、煩く修正されがちで、うんざり…、心閉ざして・何もしたくなくなります。

民話の桃太郎や一寸法師のお話は、可愛い子には旅（＝多様性・自主自立・試練）をさせろ・過保護はダメ…という、言い伝え教育でしょう。
（金太郎は逞しく野生的な育ちですが、学習もします。また、浦島太郎は、どこかアインシュタイン博士の「相対性理論」的な感覚がします）

ようやく神様から与えられた大切な愛し子の、望みの未知の世界へのトライを、親なればこそ、受け入れ旅立たせます。
無事な生還を祈りながら、さぞやイヤで辛いことでしょう。

「百聞は一見にしかず」と格言にあります。
学習や経験のない未知の世界を、大ミスしないように、あるいはハンデを強めないで、幸せに生きるためには、読書や人との交流・諸体験も役

1．人間化

立ちますが、旅の体験もとても良いでしょう。
旅は、多様性や変化の追究と満足であり、人間の特徴でもあり、成長させます（島国日本に育った子どもは、海外留学させるべきでしょう）

幼時に体験し多くのあそびをたっぷりさせることも、旅と同じように多様性に触れさせ・変化や工夫を楽しみ、好奇心を満足させて、成果に自信を持ちます。明日の担い手に、遊び・遊ぶ日々をお与え下さい。

好奇心育てを意識すれば、急かしたり・無視したりしないで、お子の小っぽけな興味をも、大切にしてやれます。
ママの都合を少し心するのが、お子への大きなプレゼントなのです。

（現代では、学習＝知識や情報の記憶のみではなく、また簡単に得やすくなり、遺伝でもないようです。
知識や学力はより高度性が求められますが、自らの意思で前向きにするなら、効率的です。嫌いでウンザリするようであれば、内心の否定で非効率性は当然です）

8．生活習慣（＝能力）

良い生活習慣もラッキーで、人生に役立ちます。資質化させましょう。（近年、経済界でも習慣の重要性が評価されています）
癖や習慣は無意識的に速やかにされ、エネルギー無用性で、疲労ゼロ？
望ましい言動の省エネは体力・気力をアップさせ、ゆとりになりそう？
効率的な言動はまず自らが快く、他からも評価され、好感されましょう。

幼く拙くて、ママのようには即ヤレマセンが、やがてやれます！
少しずつ・焦らずに・くり返すなら…。（ママは最高の指導者！）
身体機能や能力に合わせ・おさぼりしたり・励まされたり・叱られ・甘えておまけしてもらいながら、続けます。

① 「挨拶」ははっきり・しっかりと、まずママからです。やがて必ずお子に移ります。

② 「ありがとう・ごめんなさい」も同じです。モゴモゴと・不明確では通じません。（「将棋」では明確でも、もう１度「負けました」としっかり頭をさげて、お礼をします）
ハッキリしっかりと！
わざとではなく・うっかりミスでも、他に迷惑をかければ、頭を押さえてでも謝らせます。
その説明は、簡単にしても良いし、しなくてもかまいません。

③ 「早寝早起き」は成長ホルモン（セロトニン）が出ますし、体内時計の働きでリズムある生活になり、自己免疫力も強まり、性的にはおくてになるそうです。目覚まし時計を使って自分で起きることも、５歳か

1．人間化

らOK！

④ **「偏食は×」**です。ご家族も協力すべきで、厚生労働省は30品目を推奨しています。栄養的にも調理でも旬のものも使いやすく、経済や省エネにも良く、誰とでもいつでもどこでも楽しく食べられます。

⑤ **「帰宅時のうがいや手洗いも、身じたく」**も、ゆっくり少しずつ、１歳頃から始めましょう。就学前までに。

⑥　翌日の**「外出準備や予定の連絡」**も３歳頃から始めます。
明日は予防注射に行くのよ、強い子は泣かないのよ、と聞かされるなら、成功は別として、きっと、努力しようと思うでしょう。
もちろん、頑張ったらホメましょう。（ホメ過ぎないで！）

やれないのは、やらせないだけです。
幼な子は、やるその「こと」を楽しみ、努力します。（モンテッソーリの言葉通りに）
到着するために歩くのではなく、歩くために歩きます。そして喜びます。
ママが認め（＝見・止め）て「やれたのネ」と笑顔すれば、お子は天国にも昇る気持ちになるでしょう？

でも、すぐ飽きます。（４回も続けてくり返すのは×！）
初めは喜び楽しんでも、好奇心の強い知りたがり屋さんはすぐ学び、卒業します。
単調ギライで、くり返しをイヤがりますから、少しレベルアップ（＝変化）しては、継続させれば、レベルアップOKです。
「認め（＝見・止める＝一瞬よく見て、褒めない）」・オダテ・励まし・

叱り（ガンとして動かないことなどもある…）・おまけもし・休んだりもして…、でも続けます。

良い習慣化は、ママ次第（いえ！ パパの協力も大！）です。
大好きな女神様をマネて、いつかやがて潜在意識に入力されます。
「挨拶」をママがハキハキと笑顔でやれば、お子もしぜんに身体が動き、いつもそうやります。
自分でさっさとやる自主自立性は、時間をムダにせず、お互いに快いものです。多くやっても疲労も少ないでしょう。
言葉で、否定されながらのレベルアップよりも、まずママを「見・マネ」て、しらず知らずに潜在意識化して、習慣化の方が快い。

近年、「習慣＝能力」と評価され、重視されるようになりました。
幼時こそ、習慣化は無意識に・努力無用で・しぜんに可能です。
エネルギーが要らず・速やかで・疲労知らず！（＝お子への最上のプレゼントです！）

以上は、長い人生に有効で、AIに代行されない普遍的な能力・スキル（性格スキル）の資質と言えましょう。
開放性・真面目さ・外向性・協調性・精神的安定性の５つ（〜鶴光太郎・慶応義塾大学教授）は、業績評価や賃金を高くすると主張されています。

これらを就学前教育で伸ばして、その後の人生に好影響を与えると、米国の支援プログラム「ペリー就学前教育」（1960年代）での実験結果です。

ママには面倒で不自由な数年間でも、お子を自己肯定できて前向きに自

1．人間化

育できる資質化が可能です。快く爽やかな暮らしは躾けられた習慣・性癖の寄与によります。

（ママもご自分を大切に…ですが、お子には即必要なことです。「お子の時」は待ってくれません。一時のラクは、暫く見送って頂きたいのです。きっと後で、ご褒美が多々あるでしょう）

反対の不運な環境で育っても、勿論、意識と努力で修正は可能です。良いお手本に出会えたらラッキーです、マネの続行でOKですから。

> 7年の幼時期は高速で、でも皆な同じ時間です！

2．幼児期

1．幼な子？
2．泣くしかない！
3．0歳〜7歳児
4．特徴（異星人？）
5．脳（脳細胞・脳波・酸素・好物…）
6．好物

```
安らぎ
 ⇩
憩い・癒し
 ＝・エネルギーup
  ・健康（快食・熟睡）
  ・能力 up
   （聴力・認識力・集中力・記憶力）
  ・意欲・自主性・自育

 （×不安・×怒り・×悲しみ・×無能…）
```

１．幼な子？

ヒト化は大地を歩き・歩いて、直立二足歩行化で可能になりました。
大地の生活は襲われる不安も多かったのですが、樹上生活に比べてその恩恵は危険があっても、樹上生活の比ではなかったのです！
（行動の自由性と広汎性と安定化・水や食の容易性・仲間との集合性…）

また、土にはバクテリアが数億もあり、木々は水や酸素・オゾン・マイナスイオン・フイトンチッド・食べ物や蒸散作用などをもたらし、細やかな緑はさまざまに美しく、癒やしてくれます。
重力の支えで身体の動きは安定し、移動性は高く自由化し、両手も優れた５指化で、環境を暮らしよくできました。

安定し、仲間と共存しやすい場は、心身共にプラス多々でした。
大地で「歩行を確立・仲間と共存」して「多様な環境」ですごし、ヒト化し、さらに進化して、今日の「人間」になりました。

2．幼児期

とはいえ、進化は「人間化」の第一歩の誕生を無能・無知・無力・不自由な胎児性出産にしました。即時の生存不可能状態で、命は風前の灯火、最悪・過酷・最低です。それが１～２か月ではすまないのです。
（そのお世話ゆえのエネルギー消費なのか、男性に比べて女性の生殖能力は短いと、長谷川真理子総合研究大学院大学教授は説かれます。
また、お世話をすると幸福感を感じるオキシトシンホルモンも、女性は多いそうです）

しかし「ヒト」は、共存性の優しさや協力性を学び、仲間力を自育し備えていた…ゆえに、いたいけな幼な子を何年も労り・守り・与え・育んだのでしょう。かくて、高度に「人・間」化したのです。

人間の誕生後はまず暖かく抱きしめ、守り手の存在を身体にわからしめます。声をかけ、心を揺すり、心身をマッサージします。飢えや渇きを満たし、「非孤独の安らぎ」を具体的によく伝えねばなりません。

安らげば、食は進み・よく眠ります。さらに目や耳がよく働き・認識し・記憶します。集中し・興味を保ち・変化をよく受け入れます。
不安なくマネて・トライの結果を喜び、脳は活性化し、スキルアップし、自己肯定します。

命させる・生かすためには、第１に「安らぎが必要」です。
母という安らぎはまず孤立の無能を補い、不安を軽減し、成長させます。
母＝生存化ですから、孤立×・共存ＯＫ！が、「人・間」と文字化され、意味も正しく伝えられたのでしょう。

（幼児の精神的な病気は、１人ぼっちの２歳児では37％といわれていま

す。
成人にもリラックスは重要です。免疫力を強めるナチュラルキラー細胞が増え、副交感神経の活性化で血圧低下・血管の膨張など…）

進化したヒトを「人間」と、誰が表現したのでしょうか。
まさしく人の間に生き存在する者としての第一歩は「母」によります。「母」との絆こそがまず生かしめ・安らげる…ゆえの、自らの生に歩を進ませます。事実です！

２．泣くしかない！

０歳児の不安は当然極大で、パニック多々、ただ泣くだけ！
情報伝達はただ一つ、泣くだけ！（どんなにか辛いでしょう…）
ヒトの誕生は急激な大変化で、さらに「無能・無知・不自由・伝達不可！」の極限体です。食も移動・伝達・言葉も××…まるで物体か異星人？

動けず・分からず・不安で・恐ろしく、泣き叫ぶしかできない。
お乳も自ら飲めず・気持ちは伝えられず・何もやれず…、誤解され・耐えるのみの赤ちゃんは何とも痛ましい！
（小さな赤ちゃんが耳をふさぎたい程の大声で長々と泣く…のは、不安や恐れ、困窮の強さの現れでしょう）

でも泣けば…、その卵子獲得の瞬間から馴染んだ暖かい肌に抱かれ、懐かしい血流と音波をその耳にし、抱かれて背はマッサージされ、ふる里の胎内的な揺れは快く、退屈も紛れます！
抱かれる授乳での安らぎや満足は絶大でしょう。泣きさえすれば安らぎを得られる…。

2．幼児期

「泣くのが言葉？　泣くしかナイ！」
受精の瞬間からなじんだ一心同体の母に抱かれて安らぎ、泣けば癒され、幼児の母の肌や声と手で、やがて誕生のトラウマは消えるのでしょう。

泣けば…、懐かしいふる里のママが、お乳や馴染んだ声・暖かい肌で、すぐ応えてくれ、とりあえず安らぎます。
喉が渇いた・違う・暑い・かゆい・退屈・ビックリ・早く…の伝達は、不快な泣くことだけです。(「笑っていれば」…きっと放置されるでしょうから？)

すぐ泣きます。泣くしかナイ！
「泣く」のが、誕生後の最初の無意識的な「意識的な能力・スキル」なのです。「泣いて・泣いて…」生きられます。

即応じれば（声をかけて、少しだけ待たせたりも OK）、不安の解消で安らげます。
母子の絆が結ばれ、あまり泣かなくなります。
しかし、いつも即、応じ続けて、奴隷ママをすれば、5～6歳になってもよく泣きます。待てず、即応じられるのが当たり前になり、泣くスキルはお手のものですから。

(「何でも泣く…」ので、煩くてやりきれない。でも、理由がわからないのを悩み過ぎることはアリマセン。現世に生きる上では当然のこと、少々の我慢は当たり前で、お互いさま、少しくらい…は OK です。
が、ギャーと突然の大声には要注意です。
寝起き・寝入りばなの長泣きは放って、待つしかないでしょう。子守歌で、背中をトントンしてやりながら…)

泣けば！　しっかり呼吸し・汗をかき・お腹がすき・よく食べ・よく眠れるので、ダメなことばかりではない。
でも、０歳児の前期には速やかに抱っこすべきです。泣くという合図で、何かしら反応がある…と学べて、安らぎ、絆になります。

１歳頃から抱っこも慰めもしても、長々と（やることがなくて？）泣き続けるのなら、「煩いから、泣くのは止めて！」と、ママの気持ちも伝え、×の状況を知らせるために、暫く放っておきましょう。
さらに泣いても、やがて「煩くて×なこと」と伝わり始めます。
ナゼ泣くのか、自分でも分からなくなる…らしいこともあります。

泣かなくちゃ！
ママの大嫌いな弱点が泣かれること、と知れば幼いながらも、お子はせっせと泣きます。欲求や願いがよく通ります…から。
さらに、家事をしていてもママはそれさえ止めて、自分の相手をしてくれ・話しかけてくれ・ときにはなだめてくれ・叱ったり・怒ったりもして、かまってくれます！（思い通りになり…満足です）
ママにイヤそうに睨まれ・怒鳴られたりもしますが、退屈な時はそれでも良い・充分満足です・かまわないのです！（見つめられて OK！）

でもふと、心配になり、不安になって、ホントウに泣き出します。
ママ、ママとべったりぴったりせずにはいられません。
するとママは、優しく抱きしめて慰めてくれます。暖かくて、柔らかい肌に抱かれて、聞き慣れたシビレル声で。

やっぱり泣いて OK！（以後、このやり方で行こう！）
耐えられずにキライ・イヤがり・引き離して無視するママもいます。
自立させるため…などとかで、逃げ・放置します。

2．幼児期

そんなママだから、さらに不安になります・恐くて心配です。
ママにキラワレたら、生きていけません・行く所もアリマセン！
逃げないで・嫌わないでと、ピタッとぺったりハリついて、でもやっぱり不安で泣かずにはイラレマセン！（泣き虫に？）

泣くことが唯一の能力で、子どもの慣れた特権です。
泣くことでママを思うように動かせることを知ってしまえば、そのすばらしい武器を使わずにはいられません。

泣けば、何よりも辛く恐い不安や苦痛も取り除かれ、退屈や寂しさなどのストレスも癒されます。暖かに快く揺られて眠られます。
退屈もお相手されますし、弟妹に向かう気持ちのいくらかも、叱られるというやり方でも、自分にだけ向けられます。
自己防衛でき、良いことがたっぷり！「泣かなくちゃ！」

だからといってママは泣かれる毎に、ホイホイと世話をしてはなりません。（ギャーと突然大声で泣くならば、何か異常事態かもしれません。即、走って見るべきです）
横目で見て、「安全！」に転んだ…などには、気づかぬふりして、そっぽのままで良いのです。泣き声も大した泣き方ではないでしょう。

いえ、泣く前に、お子はすばやく、ママの様子をうかがい見ます。
ぴったり目が合えば、ママかまってよ、と泣き出します。
自分で遊びにトライするよりも、甘えてチヤホヤと世話をされた方がラクで楽しいからです。でも、時間のロスです。（せっせと遊びなさい！）

疲れたり、眠くなれば、ぐずぐずと泣いて不快を伝えます。
退屈しても泣きます。かまってよ、と夕食の準備頃に、見放されたと誤

解し・寂しくて泣きます。1〜2回は待っていてね、と声をかけてやり、後は放っておきます。

お好きにたっぷりお泣きなさいナ！（我慢の練習も大事デス！）
汗をかき・お腹も空いて・きっとよく食べて・よく眠るでしょうネ。
（ママ、負けずにしっかり泣かせなさい。肺やおなかの運動かも。
そして一言「赤ちゃんは泣くけど、お兄さん・お姉さんは泣かないの！」
のパンチも、2歳児以上ならOK！）

幼な子が泣いて訴え、即応じて助け癒やし、抱きしめることを、母子密着として、否定する見方があります。しかし、それは「愛着障害」を招き、信頼感・自己の自制心が育たない…と、加藤尚子・明治大学教授は説かれています。（児童養護施設での職員のご苦労も増加です）

泣くのは意思表示ですが、やみくもにすぐ応ずれば「つけあがり」ます。母子密着も過ぎれば、過保護です。
一応、応じた後は恐れず、泣かせ、暫くは放置して良いのです。
どうやって泣き止めばよいのか、お子自身が困りながら泣き続けることもあるようです。

大人も一杯泣いて育ったのを忘れるようで、否定多々し過ぎます。
核家族や長命化の環境の変化も影響しているのでしょう。
近隣のお宅には喧しいのをお詫びして、時の挨拶を2〜3年するのもよいでしょう。

3．0歳〜7歳児

0〜7歳児の変化はまさに脱皮の連続です。見かけよりも内性がより凄

2．幼児期

まじく、可視化が遅れて、その対応にママは振りまわされます。
モンテッソーリは卵→幼虫→さなぎ→成虫の脱皮と同じと言いました。
ホッと一息つけてもスグお次が…、どうすべきか？　答えのない追い詰められる即断断行の連続です。

１）０歳児の前に…

早期教育よりもさらに早く、胎教教育をして、IQの高いお子になったという書もありますが…。
出会ったたった１つの受精細胞が、60兆にまで増える…のは、とても想像できませんが、進化は大変な作業でしょう。とりあえず、胎内では短時間で複雑な脳化で、大増加でさぞ多忙でしょう。

早くも２～３か月で脳の80％（誕生時！の脳の割合のようです。
成人脳の80～90％が４～５歳時にできるといわれます）
　・３～４か月で140～150億の細胞に
　・４か月では味覚・視覚・触覚らしきがあり
　・５か月で大きな音には耳を塞ぎ
　・８か月には家族と母の声を聞き分けるそうです。

…ですから、お邪魔してはならないでしょう。うつらうつらと「レム睡眠」させよ…と大島清・医学博士の著書にあります。
成体神経幹細胞を作り出す「起源細胞」はゆっくり細胞とも呼ぶと、後藤由季子・東大大学院教授は伝えられます。
古来から伝えられた未来のママへのアドバイスは、美しく良いものに触れ、穏やかに過ごせ…です。戦前までは、火事を見せるなとも言われました。

生活を糺（ただ）し、良質な食品を摂り、好きな音楽や美術・趣味を楽しみなが

ら、やがてお子に挨拶もし、「待っているヨ、いつでもどうぞ」などとお話できたら良いでしょう。

(一心同体の「感知能力(テレパシー)」の重要性を、なぜか、レオナルド・ダ・ビンチも「手稿」で言明しているそうです。
「同じ魂は二つの肉体を支配し、母親の抱く意思・希望・恐怖、そして精神的な苦痛は、その胎児に重大な影響を及ぼす…と」
知らなかった…の後悔はムダ！　さっさと忘れましょう)

2) 0歳児
0歳児はママの声や肌で安らぎ、喜びで幸せな天使の笑顔をお返しします。
名前を呼び・話しかけ・歌や俳句も聞かせます。赤ちゃん言葉はなるべく避け、屋外にも抱っこやおんぶでお散歩し、絵本も見せます。

寝返り後の「這い這い」は、脳にとても重要です。
初めの「腹這い」は爬虫類の脳とも称される小脳を活性化します。
自律神経や運動などに関わり、生存に必要不可欠な働きに関わります。

やがて、膝を付けたり、付けない「高這い」は中脳(＝哺乳類の脳ともいわれる)を、海馬などを司る部分を活性化します。

最後の新しい脳は「大脳皮質(＝人間脳)」です。走り、ぶら下がったりして(＝前段階の「お猿」)強められるそうです。

大脳活性化のためには、まず這うなどの前段階(小脳・中脳)をしっかりと固めてこそ、次の段階によく進みます。飛び越えられないのです。
(どうやら、脳も進化に従って前時期を固めると、よく成長する？)

2．幼児期

８か月前後頃には、「言葉」に惹かれ始めます。
擬音や簡単な言葉を、ゆっくり・ハッキリ伝えると、耳をすませ、目が宙にとまります。２回目には真剣な表情に、３回目には笑い声をたてます。「分かって・嬉しい」の喜びらしく、７～８回ほども笑い楽しみます。（ヒトはホントに知りたがり屋！　分るのが嬉しい！）

以後、言葉を聞きとりやすいように、はっきり・ゆっくりと…耳図鑑？作成をどうぞ。（※「おしゃぶり」＝◎　上向き寝＝◎～動体力学
※「うつぶせ寝」→鼻づまり→口呼吸→片側噛み→頭痛・認知症？）

そして１年近いほふく状態から、ようやくつかまり立ちできた視野の広まりと自由獲得の感激はさぞや！
その喜びはついに自力で立ち、よろめきの第一歩の誇らしげなお子の表情で、長く母に喜びの思い出になるでしょう。

「０～１歳児」のお世話は授乳など多々で、待ったなし的で、ママは奴隷状態です。
お子には、すぐ思い通りにしてくれるのがママ…の意識が育ち、やがていつもスグ応じていれば、ワガママになりかねません。
（その状態で２～３歳になれば、母が奴隷的になり、お子に否定をするのが難しくなり、うっかりするとお子は無能な王・女王様になります）

３か月頃からは「少し待ってね！」と初めは手に触れるだけで、10秒程待たせて（１人にさせたり・泣かせもして）、その後「お待ちどうさん、有難う」などと声をかけてから、抱き安心させます。

少しずつ待ち時間を長引きかせて、お子に「奴隷」がいる…と思い込ませないようにします。やがて「独り遊び」し、「待てる」ようになりま

す。
また、０歳児にも毎日屋外で外気に触れさせ、多様な戸外の音を聞かせ、外の状況も見せ、「少しの変化・刺激」を大切にしてやります。

３）１歳〜
１歳児頃までは、感覚や知識の吸収は断片を丸呑みし、受け入れるのみのようです。ひたすら現状を楽しみ、分る（＝知る）とご機嫌です。
会話用に、手入れぬいぐるみが良い。（３〜４か月毎に増して、３〜４つくらいまでOK）

やがて歩き始めます。１年近く低い地上を這い、不自由な日々から、一変して見晴らし良い自由な世界になります。
歩ける移動や好奇心の飢えを満たそうとするのか、嬉々として１秒もじっとできない…から、守るママはへとへとに！

屋外も大好きで、右見たらすぐ左見て、下も他も…とアチコチふらふらと見・触れたがって、５分で着くのに30分余かけてさまよい…探索に夢中の道草？です。（１日で１万歩以上の歩行もOK！）

まるで狂ったように知りたがり、小さなモンスターのように動き廻る１歳児は、好奇心や探求心を止められるなら、怒り狂います。
目につく全てを知りたがり、探索を思いつめるらしく、止められる辛さ苦しさは想像以上でしょう。

その要求や悲しみを伝えられず、思いやってもらえないのなら、引っくりかえって、怒り泣きするしかありません。
泣くだけ泣いて、我身を慰めるしかありません。
あるいは、わかったヨ、嬉しいヨと伝えたいのに、ママからそんなこ

2. 幼児期

と？　と無視され（スマホとか？）ては…、どんなにか寂しくみじめでしょう。

「１～２才児」が、他児の玩具を奪い取ろうとすることもあります。が、「取る」の意識は全くありません。
玩具そのものに惹かれ、それしか見えず、触れたさ…で頭がいっぱいです。他児が持っている…ことやマナー違反が一切分からない！だけです。

悪い子ちゃんではありません！
もちろん毎回、取り上げてはいけない、「後で貸してね」と頼みなさい・言ってごらん…とルールを教えねばなりません。
あるいは自分の物を貸すから…の交換条件を提案するなども OK です。

４）２歳～
２歳頃ではまだ未熟で認識不足、機能も未発達です。
記憶した言葉も不的確でもどかしく、やりたいことが思い通りにやれず、（見た…ことは何でもでき！ない？　ので！）辛くて、かんしゃくをよく起こします。
悲しみのイライラを、ママは見守って、抱きしめ、泣かせましょう。
思いが伝われば、分かれば嬉しくて、早く静まり、よく遊びます。
自由を少し得てやがて、自意識も育ち始めます。
つまり、受け入れ×の「ノー・イヤイヤ」、我が道を行くの開始です。

未熟ですから、見た・感じた・思ったままだけをしっかり！　固持・主張して、受け入れはできません、妥協不可！
時間や現状の認識力などゼロ的ですから、ズレ・迷惑な主張も多々！
（ママへの「気づかい」なんて、全くアリマセン！）

受け入れのみだった愛らしいエンゼルベビーの吾子が、突然変異？
ひっくりかえって「ノー・イヤ」して、大泣きわめき・動かない！
抱き・ベビーカーして、思い通りにした人形的な吾子の反逆？には、ママの驚きは強く、ショックでしょう。ウンザリ感が強ければ早々と親子喧嘩やお子を否定し、無視・放置さえも？

身体の成長は見え、分かり、好都合ですが、見えない成長の一時性変化はママには不都合！
でも「小さな大人」ではナイ、無知無能の解消に必死的です！
お子に感覚や意思や自意識が育ち始め、もうママの「思い通りにはできない…」とママの認識（諦め？）する時なのです。
お子も人間！　マイペースしたいのです、ママには上から目線を反省すべき時かもしれません？

願い通りにはやらない身支度や躾などでの不都合には、ママもさっさとしっかり「ノー」して、強制もOK！　説明ご無用です。
お子が想定外に怒り・泣かれてもご自由にどうぞ、一時の放置OK！

とりあえず、２歳児までは自由気まま…させざるをえません。
２歳児が危険な、例えば赤ちゃんの目に指を入れようとすれば、則「×（ばつ）＝止め」ます。
×の理由が分からないので、もし効かなければ、強引なやり方で、×を言い、強引に必ず止めます。
（お子が退屈していれば…、×のキツい声かけも、退屈まぎらしの遊びになり、ストップしないこともありますから、しっかりと×します）

モンテッソーリの説く、目的無用の「今のそのことをやる」のを楽しみ、新鮮で多様な生活で、能力が育ちます。

2．幼児期

ママには面倒ですが、自由させ・トライさせ、やらせます。

「×！」とは止めることですから、理由の説明はご無用です。
親の否定説明を伺う気などは、幼時期にはまだ全くなく、やれません。
尋ねられたら、簡単に分かりやすく、短かい一言をどうぞ！

知らんぷりしながら、大人の話を聞き取り、記憶して、突然その言葉を使って驚かせますが、まだ無知やミス多々・理解×です。思いつきが突然にはやれないので、失望してスネ・泣き・怒り・ワガママ的です。

でも、自由に動けるようになって・自分で食べられようになって・言葉も少し使えて、嬉しくて意欲満々のニコニコの２～３歳児です。
自分で、自分で、と体験したくて・確認したくて、「何でも自分で」したい・やりたい！
ただし、気持ちや欲求と、心身の機能はまだしっかりと不一致です。

なかなか思うようにやれません。そのぎくしゃくやミスも誤解されやすく、また、それらを上手く伝える言葉や経験はあまりにも不足しています。やっぱり、イライラして怒ったり、悲しくなって、よく泣きます。

２歳前後にやれたネ！　と「認め（＝見・止め）」て、評価には「小さいお兄さん・お姉さんだ、カッコ良い！」の言葉がよく通じ、喜びます。
２歳後半頃には、「３歳みたい！」の言葉に、大喜びして受け入れ、暫くはホントの素直な良い子チャンです。
（年上の子のよう…は最高の褒め言葉らしく、５歳頃までかなり有効です）

5）3歳〜

3歳になれば、今までの無意識性から、意識化して、最低の生活自立ができます。話せ・食べ・待ち・走り・ルールもヘタですが、少し受け入れます。人間化して、ママの不自由も減少します。

友だちも大好きですが、まだ、そばにいれば良いというトイ感覚で、グループ性は未熟です。
もちろん、事実認識も未熟で、相手を気配りするなどは不可能です。
ママ大好きでも、やっぱり仲間も欲しい3歳児！
まだいっしょに遊べないのですが、ママに援護されながら、傍(かたわら)近くでよく見ていたい！　知りたい、まねたい…
できると判断すれば、即、共存の社会に入るでしょう。

欲張りな？　3歳児！は、まだ無知無能で不慣れで・おつき合い下手でミス多々！　でも、3歳のプライドや自覚があります。
目下にお気に入りのトイを取られると、2歳児のように即奪い返さず、自覚して我慢して取り返せず、でも取られて悲しく、対応を迷い、困って泣いたりします。（状況判断が可能になりつつある！）

少し大きいのに・まだ小さくて、覚えのないことを突然叱られたりもして、可哀想な小さい3歳児！
お口が少しきけても、ドジで誤解多々されて、悲しい大人のよう？

6）4歳〜

4歳児になれば、かなり自立し、他の仲間と協力して遊び始めます。
育て方の違いが現れ始めるようです。お子の欲求に正しく応じて、おだやかにリラックスさせれば、記憶力も集中力も、機能もよく伸びます。

2．幼児期

心は共に遊べる仲間に魅かれながら、困ればやっぱりママ！
嬉しいこともやっぱりママ！　ママの励ましでトライ多々の４歳児！
群れ仲間にいれば、年上への憧れがかなり強くなり、すぐにやれなくても、早くやれるようになりたい…とよく記憶するようです。

的確に導かれるなら、自分のことはかなり自分でやれます。
かんたんなお料理（卵焼き・サラダ・餃子包み・野菜炒め…）も作ります。トイレのお掃除が気に入ったり、答えているうちに自分の名前を読むようになります。ママのマネが習慣化し始め、やれることがどっさりの楽しい４歳児！（その心は年長児へ…）

７）５～６歳児
５～６歳児は安定し、屋外での仲間遊びや室内での手遊びなども自主的に楽しみ、充実した生活でよく成長します。

５歳児は６歳児に憧れ・嬉々として家来になり・マネます。彼らの憧れのオーラは６歳児に自信を与え、楽しさ最上の２度ナイ充実の日々です。

６歳児はまもない入学を自覚し、知的な感性も育ち、ルールを理解し、子どもの時代を喜び満足します。
しっかりして小さな大人風！ですが、勿論まだママ頼みです。ママが居て、安心なのです、まもない別れを感じているかのように…。

就学後の幼年期最終時である「**７～８歳児**」では、自我の基である大脳の前頭連合野がよく発達します。脳内ホルモンのドーパミンが多量に出て、集中力に影響し、感情の調節や管理がなされ、人間性もよく育ちます。言語や数学などの知性も発達するそうです。

生活などの基礎自立を躾けられ・我慢もでき・ルールを受け入れ、もう手がかかりません。
また、ママが耳を傾ける生活であれば、困り事やお話もよく伝えられ、正しい会話で、不安の少ない就学になるでしょう。

ADHD＝注意欠陥・多動性障害では、注意や警戒するノルアドレナリンが不足して、周りに気配りできず、また、集中力も不十分とされています。つまり、脳の発育不足のようです。
潜在的な遺伝性もあるかもしれませんが、「安らぎ」多々で緊張を防ぐと、少しはかるくなる気がしてなりません。

また、思春期の前期では、注意力が続かないとされています。おそらくは、心身の劇的な変化に、エネルギーが過剰消費され、呼吸や体調が不安定になるのも一因でしょう。大人の労りや待ちが望まれます。

４．特徴（異星人？）

１）大人の顔色を読む天才

無事な成人化に、生き抜くための防御的な本能でしょうか、「大人の顔色を読む天才」です。お顔も何とも可愛らしくて、大人がつい可愛がりたくなる顔つきです。

ママに見捨てられたら生きて行けない…生存条件の不利を本能的に知っているのか、絶対に見捨てられないようにと、ママや周囲の大人の顔色をいつもうかがっています。
言葉知らずで、知らんぷりのようですが、いえしっかり聞き耳をたて、様子をうかがって、記憶抜群です。（２、３歳児の突然の言葉に、ビックリさせられたりします）

2．幼児期

気まぐれではなくほんとうに愛されている…と確信できる子は、安心してやりたい遊び（＝学び）に集中でき、ノーもできます。
が、不安な子はご機嫌伺いをして、安心も集中もできません。
不快そうな大人達には、ピエロ役をして場を笑わせようとさえします。
そんな気配りをしては、成長のためのエネルギーが不足するでしょう。

２）知りたがり・学びたがり屋

無知無能な未熟性を良くわかっていて、脱出を急ぐのか、アルファ脳波のせいでしょうか、ヒトの本性でしょうか、とてもとても「知りたがり屋」です。とても目敏く、しっかり聞き耳をたて、何にでも触りたがります。（だから万物の霊長になったのでしょう、脳の本質です）

つまり本性は「好奇心」のお化けです。
ようやく移動できるようになると、ひたすら動き廻り、ノン・ストップ！
あるいは同時的に、自分で！　やれもしないのに、自分でトライ！
好奇心に加え、探求心が育ち、確認して落ち着きます。
大人の否定するミスということも、知りたいし、やれないこともやってみて、やれないを知らねばなりません。成功する快感と自己肯定感も欲しいし…だから、だから自分で！

このチャンスを有効に活用しましょう。自分からけんめいに努力したがるのですから、やりたがることは安全ならみなトライさせましょう。
ミスっても、気がつかないフリをし、あるいは叱らずに、手当をしてやり、好奇心や意欲を大切にします。（明日、またやってみようね…）

家事にもトライさせたら、少しずつママ級までレベルアップさせます。
もちろん、ゆっくり・じっくり、作業の工程を分化させて…。

飢餓的な好奇心がひとまず満たされ、少し落ち着いたら、おだて励ましながら、下手な部分を少し指摘して、さらにレベルアップさせましょう。
家事や自立の習慣化のチャンスです、ゆっくりと確実に！
（好奇心の満足でやりたがらないのを、いかにやらせるか！　ママ頑張ってね！）

３）記憶力抜群
意味不明で興味のない・押しつけの受け入れは嫌いますが、自主的な興味には一度で瞬間的に記憶します。（＝天才的！）
子ども仲間の行為には特に鋭い注意力で、よく見・マネします。
憧れるなら、２～３年の長期記憶も一瞬でもＯＫ！（再現します！）
大切な身辺の大人の言動にも一瞬で、また適度な刺激の受け入れも、自主的であれば、速やかで効率が良いのです。幼時の自主性は自己のペースでムリがなく、リラックスで効率が良いのです。勿論、緊張や不安では（押しつけも）集中×！

４）一点集中性
他人に気配りや、場の存在意識はなく、目前の真っ直ぐ前にのみ意識を集中して、脇などは目に入りません。他への気遣いゼロ、自身の興味に夢中で、心を奪われます。（＝幼な子！男児の方がやや強いようです）

１～２歳児には「他児の手に在る・他児の物！」の意識は全くなく、そのトイだけが見え・魅せられ・手にしたい・触れたい…のです。

一点集中性で、同時に２種類のことはできないようです。（「…しながら」というのは体験多々の大人的な技です）
彼らはソレだけ！　そのことだけに集中します。

2．幼児期

ですから、かってに思い込んだことにノーされるなら、怒り狂います。大泣きに泣きわめきます、すさまじいエネルギーで。

また、一度泣きわめいて、欲しいものを買ってもらえば、そう学習します。以後、しっかりと記憶し、予定します。
その思い込みがハズされてノーされるなら、すさまじい怒りになり、ひっくり返って泣きわめきます。

そのヤンチャな抗議的な怒りは、愛が信じられる良い環境ならば、可能です。
たっぷりな抗議エネルギーは入手の思い込み×の怒りと、その感情表現が許される信頼があることを示しています。
もちろんママは、負けずに堂々とノーをきっぱりして、泣かせて良いのです。（虐待ではない！）

物がいつもすぐ入手できるなら、我慢も下手・待つこともできません。
ようやく待って与えられてこそ喜びは大きく、感謝になります。
お子の後の幸せのために、きっぱりとノーです。
3〜4回（〜5回？）ほどくり返せば、アキラメルでしょう。
それ以上なら、その粘りを内心で評価しながら、負けずにやはりノーします。

少し違いますが、「臨機応変」も不可能です。大人的な経験や情報が少ないので、つまり要領よくやれず、融通がききません。
原理原則もよく知らず、実体験も少なく、場の認識もできないのですから、当然です。

このようなことを理解はしていても、感情ではわからず、やれないママ

もいます。
このようなママは、幼い子どもに大人的な対応を求めて（大人言葉で…）、自分が大変で辛いことを理解しない、と子どもに甘え、怒ったりもします。

わかる筈(はず)もない子どもは、何だかわからないけれどよく叱られるので、避けようとして、控え目で顔色をうかがって生きます。
子どもらしく、伸びやかにマイペースできないので、伸びることができません。

５）エゴイスト！（…で良い！＝「子どもの時代」）
幼な子の特徴で、一見「エゴイスト！」或いはわがままに見えます。
特に遊びに夢中になっていれば、それしか見えず、そのことだけ！
廻りや周囲の状況は一切見えず？　集中して分からないようです。

幼な子は小さい大人…ではない。
大人視点で見れば、わがまま勝手で否定すべき存在に見えますが、大き過ぎる誤解で、余りにもホントに可哀想です。
可能なかぎり早く、不自由な無知無能性から脱出させるために、よく集中させ、体験の学習効率を高めよ！と、まるで大いなる地球智の導きのように思えてなりません。

自分のことばかり…のエゴイストにならざるをえない、のが子どもの状況で正しい在り方です。
未熟性と好奇心や学習欲の集中性が、エゴイスト状態にさせます。
不完全な自分を知っているらしく、ミス・誤解が多く、イライラしてジレ、不安でよく泣きます。

ですから、ママ、ママ、ママ、ママと明けても暮れてもママを頼りにして、べったりとすがり、巻きついて生きるのです。
ママの保護下で、自分の欲求や願いが伸びやかに出せるから伸びます。
もちろん、イケナイことにはノーです、きっぱりと！
（必要なノーは泣いても分かりますが、多すぎるノーにはお考え下さい）

愛された知りたがり屋と一点集中性が、ウルトラエゴイスト！にします。
その状態こそ、そうしながらよく遊ぶことでのトライこそ、「子どもの時代」を充分に生きるということなのです。お子が子どもらしく伸びやかに伸びます！
（自他の危険を放置OKではナイ！　心理状態の説明です）

やがて、不安性自己愛の防御無用を確認して、穏やかに他を受け入れます。受け入れられた安らぎの多々で、自己防御無用が身体に浸みます。そしてやがて、非エゴイスト・共感共存の人間化に自育します。

（愛されているとの確信がなければ、大人の気持ちや顔色読みして従い、「子ども時代」はなく、防衛上やむなく本物のエゴイスト化します）

６）脱皮的変化
モンテッソーリは幼な子の成長・変化を「脱皮」と称しました。
突然的な変化（＝内的な脳・能力の具現化）が昆虫のような劇的変化を思わせ、さらに変化が次々と続くからでしょう。

昨日までできなかったことが、突然３〜４件も同時的にやれて、驚かされます。即日同時的に、飛び降りる階段の数が増えたり・待ち・譲り・衣服を着たり…などと現われます。

幼な子の成長の具現は、坂道的ではなく、階段式です。
ある日、蓄えてたの？　と尋ねたいような脱皮的変化を見せて、突然ママを喜ばせ（驚かせ・不安がらせもして）、励ましてくれます。

その後暫くはまたも、内的に発酵しているかのように、外的な変化は見えませんが、再び突然的に現れます…。
脱皮の変化はすさまじくて、とてもその前には想像できません。
その言動形態はまさに脱皮的な激変です。

心・精神の成長発達は、即、目で見られませんが、その言動の現れが変身そのものです。驚かされながらも、ウルトラエゴさんとのおつきあいがラクになり、ママも耐え・待ち・信じられ・嬉しく励まされます。

異星人？的で、嵐のような日々…に思われても、それは必ず過ぎる一時の症状です。初めはまるで卵で動けず、ママに絶対依存して生きます。一人では食べられず・ただ寝転がって・只々、与えられるのを待つだけ！
もちろん、言葉知らずで話せないので・黙って・しっかりと聞き耳を立て・匂いや味に触れながら・暖かな肌に酔いしれながら・刺激や情報を脳にせっせと入力します。

黙って、静かに寝かせ（放置？）たままならば、脳は刺激に飢えて・入力は少なく・活性化できません。
語りかけ・歌やお話を聞かせ・声と言葉のリズムを伝え・暖かい穏やかな揺れも・いろいろな味や匂い・音や色・風や陽にもなじませ、適度な刺激を与えましょう。（1歳までで全ては決まる？　という識者もいます）

2．幼児期

7）「個体差」が大きい（ケースバイケース！）
生後の僅かな時間を分母にすれば、幼な子の個体差が非常に大きいのは当然です。ご先祖や親の遺伝子と体質、胎内環境も影響するでしょうし、誕生時の体重差も時には２倍近くさえあります。

１歳＝時間経過的な１歳です。体力・機能・内的スキルなどが一致は当然ありえず、機械生産されたロボットではありません。
時間経過な可視化や未熟な機能差を注視せずに、環境を整えて、焦らずに自育を（信じて！）待ちます。
（早ければ良い？　いえ「二十歳過ぎれば只の人」の諺もあります）

人体の形は成人に似ていますが、機能の大差は見えても、内面の個体差は殆ど見えないので、ママは不安になりやすい。
２・３歳でも５歳児でも分母の時間はまだ小さいので、不同性が目につきます。同一性を気にせず・求めず・ゆっくり・後から…で大丈夫です。（ロボットではない！）

体質には多量な遺伝子が影響しますが、遙かな大勢のご先祖のせいなのです！（ママの焦りや否定こそ、お子には××！　ストレス大です）

育業は実験不能ですが、どの親にも自育や実体験があります。
ささやかな個的な経験で、お子を推し量り、学習不足のアドバイスも情報化されたりです。
が、大勢のご先祖や祖父母・両親とその兄弟などを含めて、遺伝子はすべからく不同です。家庭や社会環境も違います。
多量の影響因子で、一人として同じ存在はありえず、すべからくケースバイケースで、成人が20歳とされる所以です。（人類の知恵？）

同じ親の子どもで、同じホームの生活でも、兄弟にも大差があります。育児の原理は大まかで、外からは同じように見えても、背景や内的な要因で大差や誤解が生じます。同じようでも、正反対にもなります。

不運なら良い育業も困難になり、多くのハンデやマイナス性から逃げられませんが、無償の愛情が補ってくれます。メンタルミルクの正しい愛情・義務・責任で、必ずプラス性が増え・安らかに自育し・前進します。

（ママや保護者が、スキンシップや優しい言葉も励ましも少ナイならば、お子には無関心や無視と感じられて、否定！と思い込みます。
衣食住と通学でのテストの結果だけに関心を示すなら、親の自己都合に不信感を抱き・安らげず、情報の乏しい孤立の人生を歩む可能性も高まるでしょう。勝手にお迎えしたのですから、許されません！）

ママや他者との触れ合いで・スキンシップや会話で・共感や共存で・愛情の確認で前に進められます。幼な子には（もちろん思春期でさえも）見て・感じて・分かる具現化や実感が必要です。
（大人でも？　言葉だけの抽象的な表現では不安で、プレゼントなどの証明を欲しがりますものネ）

さまざまな人や場に、多様や異質にママ同伴で触れさせましょう。
困らせ・少し驚かせても良く、諸々のケースに出会わせ・経験を多く・ゆったりとマイペースさせて、情報を入力しましょう。

同じ人でも、同じ場でも、時間の違いなどもあって、まったく同じ対応はありえません。見えず・触れず・高度で・複雑で・微妙な大勢の人の世界ですから。不慣れで敏感なら、さぞ疲れもするでしょう。

2．幼児期

ママがいっしょなら、守られ・慰められて、つまり愛される安らぎで、すべてが心や知性の栄養になるでしょう。

今日は動物園、明日は水族館…などのイベントは楽しいものですが、自主性ではなく・受け入れ的であり、刺激や変化も大き過ぎます。
緩やかな押しつけ遊び的で・刺激や興奮が強くて・疲労し・鈍感になりかねません。（大人の喜び？　１シーズンに１回程度が良さそうです）

焦らずに、少しずつの実感アップは不安が少なく、自育します。
お馴染みの顔ぶれによる群れ遊びで、自主的にマイペースで、くり返し遊ぶ触れ合いこそが、もっとも望ましく、お薦めです。

８）劣等感お得意？

幼時は未熟でミスや勘違いなど、上手くいかないことが多く、叱られたり、ママの気持ちに沿えないのを、お子はイヤがり・避けたがります。
１度のなんでもないミスさえ、「ノー・ヤレナイ！」の感覚や思い込みが強く、即拒否し、そう続けます。

再トライさせるのは容易ではナイ。
やれるのにやれないと信じ込み、イヤがり・劣等感を固定し・自分で無能化アップ？（ハンデです）

突発的なミスは学習と心得て、スキルアップは少しずつ・ゆっくりと楽しませ、「ミスを少ない」ようにします。
１回目に「やれたネ！」と認め、「もう１度できる？」と２回目をやらせてレベルアップさせます。

２回目は学習済みで速やかです。３回目を「もう１回だけ！　早くスラ

スラと上手ネ」とスムーズ化させ、レベルアップ化させます。
（４回目は×！　やらせません！　また今度ね）
自信がつき、好きになり、以後のミスは気にしなくなるでしょう。
始めてのことは「エラーレス」を心してやって下さい。

「赤ちゃんは贅沢な生きもの」（特に現代日本…）
今日では望ましい幼育の数年間は、毎日全日を一人の大人の全力をサービスさせるかのようで、密度の高い贅沢なものです。
安全を見守り、そして健康や良い生活習慣化のための日々は、脱皮し変化する相手で、かなりの気配りと時間を要します。

さらに、バランスよく遊ばせ・歌い・読み聞かせ・家事や実体験を誘導し・ミスを是正（＆無視・放置）してやらねばなりません。
さらにさらに、自立させ・躾・マナーをトレーニングさせ・良い感性や学習能力を育てたい！

お相手は愛児・小さな野獣的なモンスター？　異星人？
未熟で愚かで、言葉も通じないのに要求は多々！
でも、人の世界に憧れ・真善美を好み・レベルアップを必死に求めているヒトの子です。彼らを充分に良く資質化してこそ、人材化でしょう。

生活に恵まれても、幼育無知の現代ママには、母業がきつく感じられ、愛ゆえに難しく、気遣いや知恵が要るでしょう。誰にも一長一短はありますが、思いや努力（「＝育自」）で、必ずお子に成果が出ます。

５．脳（脳細胞・脳波・酸素・好物…）

人はその大きさから「脳のお化け」ともいわれます。

2．幼児期

脳の本質は生きる・知る・仲間したいと言われますが、まるで幼な子と同じようです。
脳を知れば幼時期の重要性がよく理解できて、「三つ子の魂百まで・鉄は熱いうちに打て・雀百まで踊り忘れず」なども得心します。
大人との相違多々で、発達も「愛情（安らぎ・リラックス）しだい」と証明されています。

脳は身体の司令部です。小腸にも出先のような、脳的な能力が備わっているそうです。一心同体の言葉のように、心身共にバランスさせることが大切です。歪みが少ないのは、ムリがなく安らぎなのです。エネルギーが有効です。

脳に五感（六感も？）の働きで情報が伝えられ、身体的に知的に機能させます。
味覚は胎児から羊水を味わい、触覚も音波を感じる胎児からです。
高度で微妙な感性は成人後もさらに伸び続け、名人も登場します。
視覚は4～5歳頃に、聴覚は10歳を頂点とします。

幼育で、脳力を高めるためには、身体をよく動かし・多々な体験が必要です。脳を含めた全身心のバランスをとって下さい。

脳のはたらき (表１)

部分	はたらき
１）頭部	幼時期は頭が大きく、発達も身体部分に比べて早く、５～６歳で成人の80～90％になります。 身長が２分の１程度ですから、司令部の脳は大急ぎで成長して、幼時の種の特性化を図る…のが生きものの宿命なのでしょう。
２）脳細胞 （＝ニューロン）	その数は数百億～１千億ともいわれ、まるで植物のように刺激を受けて発芽しますが、幼時期限定です。 以後まるで、木の葉のようにシナプスは、１細胞で数千？（５万～10万？）にもなるそうです。 でもネット化の整備のため？　に、20歳を過ぎると、発芽しなかった脳細胞は毎日10万個も自死していくそうです。
３）脳波	大人はシータ波ですが、幼な子はアルファ波で、リラックスや思考、学習向きです。 記憶力はリラックスしていた方が効率的です。 （不安や緊張していれば、集中力×…は当然です） 幼な子の本質は知りたがり屋、学習好きなのは、脳波ゆえでしょうか？
４）酸素	脳は身体部分の10倍も必要とします。幼な子は頭部が大きく、４～５頭身であれば、さらに酸素は多く要り、20倍とも言われます。 きれいな血を届けるためには、静脈の働きが大事で、つまりよく歩いてふくらはぎにミルキングアクションさせねばなりません。 幼な子がよく動き廻るのも必然なのでしょう。
５）臨界期	幼時期のみ発達する短期の機能もあります。 学習効率はとても高いのですが、後からの修復は困難です。良い刺激をバランス良く与えて、目覚めさせるのが大切です。安らぐマイペースで…。 例えば目は写すだけのカメラ的機能にすぎません。 丸いとか赤とかの認識判断は、脳が決めます。

部分	はたらき
5）臨界期	2歳頃までに、脳への情報伝達が視神経からされないと、機能が正常でよく写しても、脳は受けつけません。つまり、見えているのに、見えないままに固定します。**視覚**の機能を育てる時は過ぎてしまったのです。 **味覚**は胎児中？ **聴覚**は7歳（10歳頃が頂点？）頃までの幼時に、感じ触れさせて、ゆるやかな刺激を多々与えることが大切です。 「**刷り込み**」も臨界期に似て、赤ちゃんカモの実験でよく知られています。彼らは誕生後に初めて目にする「動くもの」をママ！と思い込み、バケツを動かせばママ！と付いていきます。 早期の思い込みはとても強く、×させないように気を付けたいものです。
6）右脳がよく働きます	**右脳**は写真で一瞬に写しとるように、直感的にわかる芸術的な感性やイメージ、またスポーツや全体的な感覚に働くとされます。 言語などを司る**左脳**はゆっくり発達し、文字や数字などの記号を使い理論づけます。コンピューター的で、数学や法律などに使う脳でしょうか。 幼時は、脳内のネット化の接点になるシナプスが激しく成長し、変化し、しなやかです。学習力が抜群でしなやかに変化に応じられる幼時期にこそ、適度な刺激多々で目覚めさせ、脳細胞を増やしてやりましょう。

『脳の発達』を心しましょう

人間は巨大な大脳が特徴ですが、特に「**前頭前野**」が代表的です。
未熟なら人格の障害を招きやすく、受刑者に多いそうです。
脳の損傷やがんの疾病などでも、人間性に大きな影響が出ることもあり

脳の好物？　　　　　　　　　　　　　　　　　　　　　　　　　（表２）

脳の特徴	あらわれ
①「食べものは外の世界」	脳は刺激や変化が大好きで、外部環境に依存する、とシュタイナーは伝えています。でも「忘れて良い、忘れることから始まる」とも。 ママの焦りで次々と与えようとしないで下さい。 自らの自主性興味が、最も効率良く入力しますから…。
②「自主・自分で！」	つまり、マイペースな**自由に**…が大好きです。押しつけは最少に。
③「働きもの」	退屈嫌い、思考も大好き、複雑や総合性も大好き！ （一部分だけ脳を働かせるペーパー記憶は、幼時には向きません）
④「打たれ強い」	過保護は止めましょう。 少しの辛さ？には知らんぷりも必要でしょう。

ます。
躾や習慣・心がけも大事ですが、脳の発達にも多々心すべきでしょう。
（勿論、小脳・中脳も重要で、バランスの良さを心すべきです）

また、脳は「錯視」しやすく、急ぎ○を□と判断することもあるそうです。
正確を求めていると、時間がかかり、即決など不可能で、行動できないから？で、ミスではないチャランポランも多々ありえます。
特に幼な子にはケースバイケースで、単一なロボット育ては不向きです。

脳の活性化　　　　　　　　　　　　　　　　　　　　　（表3）

	プラス	作業
①	這う	・ワニ這い〜小脳（＝生存機能など） ・高這い〜中脳（＝感性、記憶力など） ・ぶら下がり、歩行、走る、〜大脳（＝認識、判断、推理、遂行力など）
②	鼻で呼吸	お口を閉じて食べましょう （脳を冷やす空気が通る）
③	腹式呼吸	よく笑い、唄い、運動しましょう （脳に酸素が多くなる）
④	よく噛む	楽しい食事でリラックスして、唾液を充分出します。 脳の血行もよくなり、酸素が届きます。 弧食や偏食×、虫歯はコミュニケーションにも影響するようで×です！
⑤	良い姿勢	脳幹にプラスし、セロトニンが出てよく成長させ、免疫力も高くなるようです。
⑥	家事	五感を使って、実感・認識させ、判断させ、楽しませましょう。 押しつけ的にやらせても良いのですが、事前に「おしごと（大人もする）」の簡単説明や認めることが大切です。 （即命令式なら、しない方が良い？）

6．好物

1）ママ大好き

幼い子どもはママ・ママ・ママ・ママ・ママ…と煩く呼び求めます。
安心したいからでしょう。ママに愛されていれば、大丈夫ですから。
ママのお腹で10か月も羊水にゆられ守られて、1細胞から60兆に増殖しながら、いつもの声や心音に馴染み安んじたから、当然です。

ママの声も眼差しも大好きで、いつだって欲しい！

よく見えなくても、よく聞けなくても、暖かく・柔らかくて…しびれちゃう！（それでも…エゴイストを止められない！　面倒です）

ママ＝女神様！　の意識は強く自明的に刷り込まれ、だから生きられます。造り手であり・報酬も見返りもなく・ひたすら与え続けて・愛し安らげてくれる・まさにホンモノの「女神」ですから、いつも一緒したいのが正常です。
（やがて、女神無用感は強くなります。成人後も強いなら問題アリ？）
新生児でも10人の母乳から、我が母乳をピッタリ選びます。

成人できる見通しがつけば＝全生物の宿命？、安心して遊び、自分の興味や欲求を第一にして学び、トライも多々できて、自育OK！。
安心でエネルギーも増え、全ての諸体験が脳力や学習力を高める方に働きます。（きっと有能で幸せな成人になれるでしょう）

つまり、言うことを聞かない「悪い子ちゃん」は、親の愛を信じきって嫌われないと安心できるから、やれるのです。
つい、好奇心や自我的な欲望にまけて、またまた、ママに叱られて…の毎日でも、ママの愛情を確信しているから、また、くり返します。
お叱りは子守歌を聞くような？

自分のしたいことをママがホントに嫌いそうなら、大人しく自己抑制し、諦めます。好奇心は出されず、意欲的にはなりません。自主的なトライや体験も、控えめになり、子ども時代をおくれません（いちいち顔色をうかがうのは、楽しくナイ）。諦めて消極的で、劣等感がお得意に？

ノーばかり言うママには、自分をキライかもと寂しく不安です。要求も

甘えも押さえて、良い子チャンを演じながら受け身に生きます。成長後も続くでしょう。

そうさせたママが、お子の控え目に不満で、他の子の積極性を羨ましがるなら、筋違いも甚だしい。
ママの影響力はいくら主張してもたりません。
「無知は罪！」の仏陀のお言葉を胸にして、お子を慈しみ、責任をとらねばならないのです。
健やかに幸せになる人を押しとどめてはならないのです。

２）知ること
２番目の好物は「知ること」、知りたがり屋は人の子の宿命かもしれません。知ることのプラスや楽しさ、世界の広さや魅惑性もきっと遺伝子が知っているのでしょう。

また、未知は不安ですから、その解消は安心であり、リラックスです。
どうして？　とあまりにも問われて、ついにイヤになり、子どもの質問を避けてしまうママもいます。それは知的好奇心を押さえてしまうことだけではなく、アナタやアナタとのお話もイヤ、を意味してしまいます。
質問魔もせいぜい半年ですから、めげずに頑張りましょう。

正確な知識をきちんと答えようとすると、しだいに苦しくなってきます。
楽しくファンタジーやイメージを伝えて、トンチンカンな答えもOK！
また、子ども自身にどう思うか、と答えを逆に求めるのもOKです。
意外にすてきな答えが返されて、楽しい会話になったりします。
会話という触れ合いは、精神的なスキンシップなのです。

３）上昇性（強さ・ハイレベル好き）
子どもは無知無能の自分に辛い思いをしているからでしょうか、ハイ・レベルや強いもの、大きいもの…と真善美を好み、憧れます。
年上の子どもに憧れ、大好きです。少しくらい邪険にされても、こりずについていきます。懸命に、ときには泣きながらでも。
男児に多いようで、強いヒーローが大好きで、戦う強者になり、暴れ廻ったりします。

強く、よく知っていて、きびきびとやれて、ステキな年長児！
年中児以下は自分もそうなりたくて、ケライをしながら、けんめいに見つめ、マネ、学びます。そうなれるようなお手本やモデルも好きですし、欲しがります。
より上手なことやより美しいもの、より高いものを求め、マネます。

強くしっかりしたママ（大人）が好きです。頼りになり・安心して寄りかかれますから。ノーと言えば、ノーを実行して、小さな子どもの自分の言いなりにならない強いママが好きです。（やがて思春期にも未来へのアドバイスなど、きっと話し相談して、頼れるでしょう…を感じているのかも？）

４）「子守唄」でお休み
お子のお眠りには、絵本よりもゆったりした子守唄やお話がお薦めです。手を握ったり、お背なをトントンしながらどうぞ。
（絵本で興奮や緊張させるようなら、目がさめてしまいそう？）

ママの声が最高…とは、或る一流の指揮者の言葉です。日本には多くの素晴らしい童謡がありますから、お子に最高の音を聞かせましょう。
（成人後いえ高齢になっても、懐かしい母の歌声は心温まる思い出にな

ります）

また、何気ないお話に、愛児と同じ名前の「○○ちゃん」のミスなども作り話すれば、きっとお子を喜ばせるでしょう。満たされた眠りに誘われるでしょう。

```
無知・無能・不自由（＝成長力大々！）
   ⇩
母の混乱・疲労・不快
    →無視・嫌悪・怒り
          →虐待？
```

3. 家庭（父・兄弟・祖父母）

1. 家庭
2. 父
3. 兄弟姉妹
   （昔はよかった？　第1子・独りっ子・2人っ子・
   2歳児が大きい？・兄弟喧嘩）
4. 祖父母
   （情報多々・スキル高の過去・
   「高齢者と幼な子は反比例的？」・
   潜在的リーダー）

> 美智子上皇后（天皇と皇后のご成婚をお祝いなされて…）
> 「たづさへて　登りゆきませ
> 　　山はいま　木々青葉して　さやけくあらむ」

１．家庭

「家」は建物であり、一家を外から纏（まと）めた視線の縦系的なムードもあります。「庭（緑と空間）」が加わると、暖かく個人の住まう**「家庭」**になります。
（ハウスとホームの違いは明確で、戦後に生じた言葉でしょうか、敗戦までの「家」は見かけ、つまり外からの視線重視のような？）

平成元年は国民を支えた二巨星が共に落ち、多くの人達に深い悲しみを与えました。
手塚治虫と美空ひばりは、今なおも30年経ながらも輝きを失わない。
しかし、平成最終年ともいえる2018年には、新しき彗星・藤井聡太七段が現れた。長いその尾にこそ、「ご家族」とその師が見えます。

（以下は勝手な推察です）
彼の祖母は、考える玩具を与えて、巧みに楽しませたようです。
祖父はさらに、「将棋」に誘い、共に遊び、やがてとりこに導きました。
そのお二方の孫のレベルアップの喜びは、深く正しい愛情によるものと、信頼されるご両親の思いが漂います。
まもなく祖父は彼のお相手は不可能になり、良き師にご縁を得られました。

3．家庭（父・兄弟・祖父母）

何時間も正座しながらの、高度で精密な脳作業は、静やかに勝ちを求め続ける集中力と気力の総合的な精神力と、支える体力によります。
さらにまたお相手の方々はいずれも、より優れた遙けき年長者であり、憧れは彼をさらに高きに導いたのでしょう。
師以上の有段者で高齢なお立場であろうとも、若き彼にも負けた事実にはきちんと潔く、「負けました！」と深く礼を為さる。爽やかに美しい日本将棋の世界です。

さればこそ！の、中学生ながらの勝負強さに加えて、気品さえ感じさせるマスコミへの応答であり、快いショックに驚愕しました。勝ちを誇らず（拳を振り上げず）、前進を願う意思の的確な言葉選びは、まさに成人のようであり、嬉しい勇姿でした。

中学生が１人リュックを背負い、瀬戸から大阪に通う。
豪華なお弁当はなく、先輩方と同じ勝負飯には、金の卵視的な家族の対応はみじんも見られません。（往々にして、成人後でも父が一心同体的なアスリートをフと思います）
家族うち揃う大喜びは見られず、やりたいのならどうぞ！と真に自主性を重んじ、彼の成長を願う暖かなご家族と、支え伴走する師に恵まれたゆえの精進と思えてなりません。
（家庭・ホームとは確かありたいもの！と、胸打たれる思いです）

※小江戸とも称された瀬戸市は、かつて焼物の大家「加藤唐九郎」をも輩出しました。
　ナゼか、絵画の複写学習は大手を振って受け入れられるのに、焼物の世界では偽物作りとされ、不当な非難を浴び続けられた彼の、見事な黄瀬戸を思い出します。
　学習好きの方でもあったようです。

２．父

全ての種の単性生殖は天敵にあえば全滅しますが、雌雄の２分化の進化は複雑化で破滅防止には有利です。同じ機能の単性性のムダを避け、明確に異なり、父・母たらしめる地球則なのでしょう。
ヒトは殆ど１児出産で・時を選ばず・休まず・継続的で、その成育には安定した環境が必要です。３人以上は社会であり、賑やかでよく育ちます。

１）父？

いわゆる雄は直接的には次世代を生じせしめない宿命です。
次世代出生に関して、一時の放出での進化は殆ど見られません。
雌は胎内で、１細胞から数え切れない増加作用をなして、多大な種をなさしめる大進化があります。

ヒトでは例えば、成人体重60kgに対して誕生児が３kgなら、20分の１、つまり乱暴な単純計算で、60兆の細胞にたいしてまず、母の胎内では３兆倍もの作業がなされます。
さらに出生時の胎児と母当人の大仕事に加えて、以後の１年余の授乳があります。

雄がラクでラッキーではありますまい。
地球則にはムダがなく、次世代の誕生時の保護や養育が雌だけでは困難ゆえに、雄にその支援の役を与えているのでしょう。
進化に応じて出産する母と幼な子の生存を守り、次世代を健全なさしめ、絢爛たる地上の繁栄を維持させ、明日の永続化をはかっています。

能や歌舞伎の演目に「石橋」があり、獅子の華やかな舞いは、日本人形

3．家庭（父・兄弟・祖父母）

や皇居の宮殿のしつらいにも見られます。父獅子は、吾子の成長後にテストをして過酷にも千尋の谷底に突き落とします、見事に自力で這い上がるのを祈りながら。
無事に試練を乗り越えて、姿を現した吾子の成長を喜び、未来の活躍を頼み、咲き誇る牡丹の苑で祝い、絢爛な舞いを続けます。

父の課題はまず、多くの人々の生きる社会でのパパ＝仕事人なのでしょうか？
吾子が期待に応えられずに、落命しても詮方なしとの思いは厳しく苦しくも悲しく、母の全吾子の無事生存を願う思いとは、違いがあるように思われます。
しかし歌舞伎の「七騎落」などでは、とりあえず君命に従うふりして、我が身を吾子に振り替えて守り、壮絶な戦いの死に立ち向かいます。
（諸手を挙げて愛しい…とはできない父の心は、昔のことでしょうか？）

現代のヒトの父は親としての支援はより重要になり、食事と安全だけの、外形形成の直接的補助だけでは不充分です。
内面的な人間性や知性・諸脳（能）力など高度に育くむ意識と、可能たらしめる間接的な環境の整備で、お子の人間力や社会的生存力を強める協力が必要不可欠です。（就学後はやがて父の存在こそ有用！　特に男児に）

ホームでの保護・安らぎは幼な子の生存に直結します。
父はまず幼な子とその母への支援として、ホーム維持の協力が第1であれば、次世代は不安なく伸びやかに、時を重ねて自育します。

幼な子の父はお子を人間化に導くホームの担い手です。
（衣食住のみの支えはハウス的、過言すれば家畜舎的？で、人間化の幼

育には不向きな環境ともいえます）
安らぎと信頼は共存する人間性の原点で、不足すれば食欲や睡眠さえ効率は低く、胸式呼吸をしやすく、脳・能力や身体の発達にも影響が多いのはいうまでもありません。

幼時期は吸い取り紙ともいわれるほど、ひたすらに吸収します。
見・聞き・触れられる五感の感覚で、好奇心よろしく即時記憶し、脳に情報を入力します。日々触れ・出会う「親」こそは否応なく全情報が入力され、マネ・モデル化され、染まりコピーされます。
（すぐにマネを再現できませんが…）

幼な子にはハウス的な・生存確保的な衣食住性安定化の支援保護に加えて、愛による他者との関わり、信頼学習が必要です。不足すれば社会性が欠如しかねません。(「孤児」という言葉がありますが、1人っ子とは違います。親という支援者のいない子を言います。里親さんってホントに立派ですね！)

「機能不全家庭」 では未熟なお子が、親をさせられて、子どもの時代がないといわれます。
人間性の歪みがまだ大きく育っていないお子の方が、優しく・思いやり・耐え・譲り…、人間性が優れていて、親を労り気遣いし、痛ましいのです。
食べさせてやっている意識の親（自分も養育されたのに？）の傲慢さ・未熟さ・身勝手さ・醜さに虐げられながら…。
やがて諦めて隷従の良い子？か、非行の悪い子？です！

1965年、アメリカの**ヘッド・スタート計画**での報告では、孤児院で修道女から衣食住のお世話を受けても、スラムの母の子の成長には及ば

3．家庭（父・兄弟・祖父母）

ず、早世多々と調査結果の１例です。（後日その対応で、抱き・声かけなどが増やされて、成長できるようになりました）

幼な子との触れ合い（＝お世話）は、義務的でならない。
愛で安らぎ、孤立感を防ぐ環境が必要で、即ちホームの役目なのです。
彼らを幼く小さいから何も分からないだろうは幼育の無知です。

お子の無知はしばし…やがて有知？に進み、常に無意識的に懸命に感覚や知識を取り込み、せっせと吸い取り紙する存在です。
分からない…らしきことは一時保管的に記憶するようで、無知や未知も気にせずに、貪欲に情報取得を楽しみます。いつか再現しようと記憶していきます。

２）間接的育児
母の育児は直接的で、無意識性ともいえますが、父は逆に意識した間接的育児にならざるをえません。
１歳頃は特に母を頼りにし、父さえも怖がりイヤがる時もあります。
やっとママが分かり、その生活に慣れ安んじ始めたのに、異人？に突然かかわられると、不安で、「父」を分からず、泣くお子は普通です。

パパはガックリでしょうが、無知な不慣れの恐れで、嫌っているのではありません。ムリにお世話せずに、ママに委託して、お子のパパ承認を待ちましょう。
とりあえずはホームでの存在感の重要性を認識・確認して、以下を協力なされば、お子は健やかに育ちます。

第１にまず、「愛ある品行方正な人」を演じて下さい。
お子への無自覚性入力は急ぐべし、即時なさるのが最も効果的です。

例えば、家族と和やかになさるなら、お子もしぜんにホーム大事になり、いつか老親をも大切にするでしょう。
信頼でき・安らげて、何でも話せる生活の快感になじめば、和やかに受け入れる対応が習慣化し、コミュニケーション力も育ちます。
すぐキレたり、憎むのは不可能な「大人！」になるでしょう。

品位は感性・感覚で身体性、知識的な記憶入力でOKとはいきません。
公私混同しないなど、凛とした生き方も、見て・知って・馴染んで…いつか染まり・無意識にマネて身につきます。
不運に下品な言動に触れ続けば、しぜんにそうなります。
親の資質が低くては、お子は良い資質にはなれない（知らないので、ヤレナイ！）のです。「蛙の子は蛙」と格言の情報です。
（例え不運でも、成長後に「良い資質」に触れ、懸命にマネ・見習って、自ら変わることは勿論OK、肯定し受け入れる意識で努力できれば可能です）

幼育パパの**第2**のワークは、パパご自身の生活習慣をただして、お子にコピーさせます。やがて健康で有能で、快くよく働く成人になるでしょう。「習慣＝能力」とされ、良い習慣＝良い資質化です。

習慣は無意識的な言動ですから、しぜんに・緊張なく・疲労なく・速やかです。幼時のコピーがベスト！で、人生の幸せ化！でしょう。
お子はクローンになりたがっていますから、作り手のママとパパにはチャンス！です。

①**「早寝早起き」**は体内時計を強め、快眠させ、リズミカルな健康体になります。
笑顔でハッキリした②**「挨拶」**は爽やか、受け手は快くなり、好感され

3. 家庭（父・兄弟・祖父母）

るでしょう。勿論、先に自分から…ハッキリと。

好き嫌いしない③**「食事」**は厚生労働省の30品目にも応えやすく、栄養バランスがよく、また多様な料理を楽しめ、調理もらくで経済的です。
虫歯になりにくいとか、いつでも誰とでも楽しくてコミュニケーションにまで良いそうです。また、食材の命や調理にも感謝のマナーとして、手を合わせて感謝を表します（日本の風習）。被帽のままで頂くことはどうかお止め下さい。
グルメ重視ではなく、品質を大切にするべきでしょう。
（「出されたものは全て頂く」とは、美智子上皇后様のお言葉です）

食後や衣服の④**「後片付け」**はご自分で手早くされるなら、お互いに時間浪費も少なく、室内もいつも**「整頓」**されているでしょう。さらに帰宅時には⑤**「手荒い・うがい」**も。

…などなど、良い習慣（→有能）は役立ち、経済的で、良いことずくめで、やらない手はありません。いちいちやる…の意識も、エネルギーも疲労も無用です。コピー的なお子への最大級のプレゼントでしょう。

知らないことはやれません。見れば知り、聞けばよく知り得ますし、重ねれば忘れず、知らないうちに身につきます。共に時を過ごすのは、見せ・聞かせ・伝え・知らせることです。

幼な子は、親の顔色を見抜けても、諸事情を察する能力は低く無能です。
そんな彼らを見下げ・軽んじて、大人が甘え・油断した？低レベルな生活をすれば、それも躾です。

幼な子はマネしようと、目いっぱい見て、知り・やろうと待ち構えているのですから。
（チラと耳から得て、マネ的に言葉を言って大人を驚かせもしますが、ホントの意味はまだよく知らない。吸い取っても単発情報を摂取中で、まだ正確には使いこなせません）

縄文時代１万５千余年の長きは、乳房とお腹の出た「母」や家畜の土偶が多くあります。男性の象徴のような兵士はめったになく、若き女性らしきは下半身が逞しい安産タイプです。また戦った形跡は殆ど出ないようです。（他国との大差！）

人類に必要なのはまず「母！」であり、女性でも男性でもない。
水や緑・酸素や大地と同じです。
はるか大昔のご先祖方はきっと懸命に生き、明日に繋ぐ「命」を切望し、未来を生じせしめる「母」を延々と大切に評価したのでしょう。

はるか時を経ての有史以来、古代でも日本では女性の地位は低くなかったようです。
卑弥呼の後にも、熱田の森で兵士達に出陣を号令したのは女性の額田王（ぬかたのおおきみ）であり、彼女の歌でした。
（余談ですが、「万葉集」には詠み人知らずがかなりあります。貴族ではない兵士や庶民達で、正しい評価をするのは差別の少ない民主的なような？
それは今なおも、毎年正月の宮中でのお歌会でも、継続されています）
ヒトの生きる原理を直視した感性や知性は、現代人よりも高いとさえ思えてなりません。

いえ、今日の日本人の劣化は男女平等ランキング「ジェンダーギャップ

指数」で、2018年でも149カ国中110位です。
(他国では今や、武力で出産せしめた歴史を恥じているのでしょうか)

現代日本の幼育中の母業の低評価は、残念な母性(＝女性)蔑視の現れでしょう。
(泣くだけの無能無知で低レベルのヒトの子を、不眠不休・無償で、高度な人間化に努める愛と責任感は「神技」にも等しく、日本社会は支援と感謝を多々すべきですが、ないがしろにしているかのように思われます。
まるで、勝手に生んだのだから、当人が責任を果たすべき・育てるべき…とのようです。
過酷さに負けた親による虐待死児は年に60いえ300人？とも)

父業の**第3**は、全日育児(食事や洗濯をふくむ全て)を月にせめて１日、ママに替わって、幼育と母業を知り、労り・感謝しましょう。(無報酬で)
企業戦士であれば祝祭日が３日あれば、中日の１日でもOK！
(そうそう、パパもご一緒の外出には、なるべくお子を抱っこして触れてやって下さい。逞しい腕にお子は高くゆられ、喜び、もっと！　パパ大好きになります)

母こそは宿命的で逃れられません。
(今もなお、離婚後の父の養育料の支払いは25％ほどとか、つまり75％は身勝手で逃げられる！　つまり、ホンモノの雄でもない？)

お子は絶対に必要な「明日」の担い手です。
男性には絶対に不可能であり、ハンデばかりな母業に触れて、厳しい責任を認識され・支援されるなら、ホームの絆が強まり、お子にもプラス

します。（願わくは、パパと同額のお小遣いとかも…）

ときに娘時代の自由な一時(ひととき)をプレゼントされるのは、感謝され喜ばれるでしょう。
ママに耐え・励むエネルギーが増え、喜びになり、大いなる支援です。
永くはなく、数年のことで、良い結果はたっぷりです。

幸せホルモンとも称されるオキシトシンが女性に多く、出産や授乳・お世話をさせるそうです。
しかし、男性や高齢者でも「親切」をすれば、心臓や血行・老化防止や人間関係にも良いと、デイビット・ハミルトン博士は著書で述べています。感謝や思いやりには、行う人にも良い見返りがある！と。

残念ながら、日本ではまだハウス的な風潮も残り、男児＝家事無能や「して上げるのが母」などと、共同のホーム意識の未熟さも見られます。
合意で作成する戸籍に今なおも違反して、男性側への「入籍」との表現は、婚前の若い人々にも珍しくありません。

別姓が世界の常識で、他国にホーム化の支障を聞いたことはありません。日本ではキャリア女性は事実婚しかできないよう？で、出産にもハンデです。
男女平等のシステム化は遠く、国連からの重なる警告はホントに恥ずかしい…。

幼育中は専業ママが好ましいのですが、「専業主婦」もまた不労者とされて、侮辱的な書籍さえ出されたりして、否定されています。
（でもなぜか、ノーベル賞受賞者や大企業の会長の回顧録には、パートナーの専業のおかげに感謝との記述が多く見られます。国のトップには

3．家庭（父・兄弟・祖父母）

常にパートナーが同伴されていますし…）

女性パートナーが育児や介護・家庭内雑務を担当し、四六時中のノンストップ働きには善意な甘えか、低評価も甚だしい。
でもなぜか、今もなお、国民的な人気マンガの「サザエさん」宅は、穏やかな日常生活であり、専業主婦が2人！も居ます。男性側の父もお婿さんも穏やかでとても優しい！

（専業ママ・介護の妻や義娘・兼務女性・フリーを混乱して、まとめて「専業主婦」呼ばわりし、「不労！」とは変です。日本の男女不平等はホンモノ？）

オバマ前米大統領夫人や前副大統領夫人方が、「母業」を高く評価されたのは、まだ耳新しいでしょう。

3）江戸時代や外国のパパ
江戸時代には、母親の養育のお世話（20～30代の女性の死亡率は男性の2倍！）にたいして、父親の教育担当を説いた書もあったようです。『子供仕込心得の掟』（大原幽学）では、情の深い家が極上・行いを示せなどとあり、『絵本十寸鏡』（1748年）なども父親用の書でした。

『父兄訓』（1786年）では80％が父への教えであり、子どもは先祖からの預かりものであると述べられています。寺子屋では「養育往来」で賢母のあり方も教えたとか。

また、一人では、いえ、一家内では育てられないと考えられたようで、1854年には換え子教育（7～8歳児を1～2年・委託）や、一生かかわる「仮親（帯親・取り上げ親・乳親…）」、武家では烏帽子親もありま

した。
ホントに大人たちが「皆(み)な！で育児」し、母の孤立などありえない優しい社会の秀(すぐ)れた子育てで、まるで古い方が良いようにも感じられます。

（念の為、父が優れて母が無知だからではないのです。
敗戦後しばらくまで、花嫁修業という言葉がありました。
若い女性が未来の家事のために、料理や茶道・華道を学ぶことを言いましたが、ゆとりのある家ではよりレベルの高い家に奉公させ、家事全般をより高度にわきまえさせてから、嫁がせました。
自家の至らなさの是正に、娘の親は陰で謝礼して。

恐らくは江戸時代の大奥奉公から始まったように思います。
庶民の娘もお殿様のお子を産み、一族の繁栄のチャンスがあります。
江戸の若い娘不足は、くり返し続く男性ばかりの大名行列でも理解できます。
武家屋敷に奉公して行儀作法など諸々を学べば、その前には文字も芸事も習い済みで、修了後の婚家先ではお嫁さんの評価も良かったと考えられます。

それゆえ庶民の生活様式のレベルや意識も高く、「ミツコ」の香水も創られたといわれる、オーストリア＝ハンガリー帝国はハインリヒ・クーデンホーフ伯爵家に迎え入れられた「クーデンホーフ光子（青山みつ）」もその１例でしょう。彼女は江戸末期の商家の娘でしたから。
因みに息子さんのお１人がEU設立に奔走された方のようです）

こうした、より良くあれの生活スタイルや真心をこめる気風は、職人さんのお仕事とも似ているようです。当然の意識であったため、「マイスター」制度などの特別な資格や評価もありませんでした。

3．家庭（父・兄弟・祖父母）

蛇足ですが、江戸時代では商人でも方程式の難問を解き、喜びを額にして神社に奉納したとか、朝顔の新種を競って交配したなどと、庶民の意識も今日より高いようでした。

さらにまた、その衣服も織りや染色などのレベルは高く、安全で、武士ならばその衣服や武具は今では美術品その物のようです。
きりっとした男性！　世界中から望まれた優雅な女性！　の相違も魅力的で、今日のどっちか分からないような単調さ？は余り楽しくナイ…ように思います。
因みに「無病息災は我に有り、求むれば得やすし」と、貝原益軒は「養生訓」で述べています。江戸時代の人々も健康を願ったようです。

時に、海外ではトップの男性が「専業主夫」を選び、高く評価されます！
ニュージーランドのアーダン首相は女性として３人目ですが、2018年６月にTV番組の司会者のパートナーは主夫化を伝えました。
嗤われてはいないようで、きっと無力な異質的なお子のお世話と、その母への感謝で、よりステキな男性に自育されるでしょう。

アメリカ人のジョセフ・スセディックは、パートナーの懐妊後すぐに、食物の品質にこだわり、定時の帰宅後は社会的な話題の会話をして、彼女の孤立感防止に努めました。
お子の誕生に備えて子ども部屋を整え、庭には滝までも造ったそうです。お子達共々に週末は美しい屋外でのキャンプをよくした…と、日本人妻のジツコが書に著わしました。

（日本ではときにお子に叩かれながら、笑っているパパを見かけたりしますが、彼が奴隷パパ的で甘い…とはされなくても私は×と考えます。

83

幼くてもむやみに人を打つのは×！）

お子達4姉妹のIQは全て170以上です。その父が、母に安らぎと労りを、お子には良い環境を与えたからでしょう。（そんなパパが世の中に存在したんだ?!…と、とても驚きました）

やがては復職を…と、日本の専業主婦も願っている人が多いのです。でもその思いの多くは、ハンデで低賃金的な雇用のようです。観察力や状況判断力・作業力もキビキビと優秀な、愛情豊かな人達ですが…
（彼女達にまず、ゴーストタウン化防止の謝礼を支払うべきでしょうに）

誰もが親を選べず、殆どの親は1つ或いは2つの家庭で育ち、その生き方のパターンのみを継承します。他を知らず、ご自分の生育の習慣は無意識的に基準化し、正当と思い込みもします。（江戸時代と違って…）

マイナス性が強ければ、歪みになり、家族の崩壊になりかねません。
（生活習慣で価値観や美意識の違いになり、ズレが離婚要因になる？）
先人はその対応に、バランスの良い習癖の困難性に、「自分以外の他人は全て師！」と、仲間や社会での心構えを伝えられました。

「独り！」的な生き方なら、ヒト化の進化はもっとスローのはずです。
何人かと信頼し、多様に共助共存できるホーム化が大いに役立ったはずです。
（前頭葉の時間感覚とコミュニケーション力は、『大家族制度下で発達した』と証され、書にされた学者もいます）
今日の歴史的な大変動の人生には信頼でき共存できる仲間がいれば、きっとさぞ心強いでしょう。（成長に従い「孤独感」も必要不可欠ですが…）

3．家庭（父・兄弟・祖父母）

10代前のご先祖は1024人もいらっしゃり、20代前には104万8576人ものご縁を頂いているそうです。命の連鎖を頂いての、今日只今なのです。絶妙な尊い多様な命の地上に、不可思議な人体を与えられ、生かされています。数え切れない大勢のご先祖とお仲間のおかげは、事実です。

（母と、そのパートナーが物理的な同伴ではなく、心や思いなどにも同行者であれば、共助の安らぎを見せ・伝えられます。ハッピーなホーム化を、お子もそのまたお子も継承し、良い輪廻で繁栄するでしょう）

1996年新春のマスコミは、韓国とアメリカ及び日本での「子供と家族」について、15歳までの子をもつ親達、約3000人に面接調査した結果を伝えました。
子ども達の勉強時間が少ないのは日本であり、親達の子との接触時間も、ダントツに少なくてそれでも充分、と思うのも日本！でした。

2018年の夏にも、「家族といてもスマホ　6割」と日経新聞にあり、小学生では中国38.3％・米国38.8％・韓国51.5％・日本は57.5％の最高です。
「親と話そうとするとき」も時間がない・多忙をいう日本の親は、
小学生44％・中学生36.4％で、3カ国を上回ったとあります。

2004年の早春には、数千万円の年収を捨てて、子どもと触れ合う今を大切にしたいと、専業パパになったアメリカ人が報道されました。
アメリカでは、専業ママや専業パパが増えつづけているようです。
育業を正しく重視し、家族関係を大切にされるのでしょう。
（たとえ、遠国への単身赴任が長引いても、父の存在を母が肯定・感謝していれば、お子に不安はなく、やがて、尊敬されるでしょう。

物理的な距離は、心理的評価で乗り越えられます。逆もありえます！）

ハンデな出産や幼育をするパートナーへの感謝と労りこそを、何よりも優先すべき「父業」です。ホームと社会を正視し、支え、導く父のモデルも、お子に尊敬の安らぎを与えます。

（2千年もの放浪を続けたユダヤ人のホームでは、夕食後はパパが経典を読み聞かせるそうです。人生訓多々の文章や言葉は成長後に、さぞ心強く、役に立つでしょう。
また、教育を「奪われない財産」として、いつもどこにも持ち続けられ、大切にするのも優れた知恵でしょう。ゆえに、ノーベル賞受賞者やアメリカでの知識的成功者に圧倒的数を占めるのかもしれません。

反対に、さまよわずに定住して暮らした日本人は、文化や技術の伝統化などとラッキーな面もありました。しかし今や、グローバル化の今日の社会情勢に、のんびりパパでは生き抜くのにはハンデでしょう）

お子の就学後は成長につれて、社会人パパの存在が大きくなります。
災害時支援の現場活動の頼もしい「自衛官・警察官」は、いわば社会のパパであり、不思議に常に男児の憧れが大きいのです。

また、なぜか思春期（＝「本自立」に向かう第2の反抗期・幼児期？）にはパパの些細な行動を批判し、嫌ったりもします。お子の無知・偏見は成人後の多くの社会体験で、やがて解消されます。が、同時にパパの人生の価値も鮮明になります。

まずはパパにこそ、次世代の幸せを願って、地球の温暖化や、日本の自然災害などの大問題にも、小手先の対応ではない取り組みをお願いした

3．家庭（父・兄弟・祖父母）

いのです。
その次世代の真の幸せへの思いやり・努力・協力…が見えるなら、生きざまの素晴らしい人間教育です。父の護りこそ、就学以後のお子には安らぎです、前向きに生きさせる望ましい父です。

（念の為、絶対に奴隷パパや傲慢ワガママパパもしないで下さい！
きっと、賢く優秀な若者達が邪教に惑うような悲劇も、避けられるでしょう。先進７カ国での若者（15～34歳・18年）の自殺率〔日本が最高…〕も低下するでしょう。
さらにまた、入試にまでもの女子差別が多過ぎるなど、20世紀までの野蛮な感覚も、過去の遺物として早々に葬って頂かねばなりません）

３．兄弟姉妹

１）昔はよかった？
半世紀ほど前までの兄弟姉妹は数名余で、共に家内で過ごす時間が長い育ちでした。
０歳から10歳児以上の異年齢の子どもが、ゴチャゴチャと過ごして…喧嘩し・仲良くし・ごますり・妥協し・労り・我慢などなど、大人社会そのままに、いうなれば社会に旅立つトレーニングの場！でした。

親の仕事や負担が大きいことを目にし、しぜんに多様な生活体験もしました。
見て・知って・学び・トライし、ボンヤリではハンデとわかります。
同じ屋内で、よく触れ合うので、少しずつの違いによく触れられて、多様性を知り、コミュニケーション力も育ちました。

兄や姉が弟妹にスキルを指導するのもまたしぜんで、親代わりの感さえ

したようです。
基本的には仲良く共存し、助け合い、励まし合いました。
しぜんにママの愛や視線を独占できない！とよく分かり、しらずしらずに自分のことは自分でやり、甘えないので基本自立も速やかでした。
（でも、末っ子にはママや兄弟で甘くなったりしたようです）

豊かではない…ことには、忍耐でき・待つ楽しみや得られた喜びの大きさもあります。
大勢で分け合い・助け合う安らぎも資質化します。それらは旅立ち後の生きやすさになり、必要なら助けを求められ、また助けもして、不安を少なくしてくれたでしょう。

人類は衣食住に不自由なく、欲しい物がすぐ入手できる「負」の少ない暮らしを望み、願ってきました。
でも、長い一生を支える資質育ての「幼育」では、大人との世界と違うものがあります。ラクが、願いの即時的な実現が大人たちには幸せであっても、未来する資質化をキャッチすべきお子達にはマイナスにもなり得ることも、よく考慮して頂かねばならないでしょう。

２）第１子
誕生直後から、穏やかにそっとされているのが初の子です。（ひとつ間違えば、刺激の少ない類人猿式の「１母１子育て」とか？）

興味を引く年上の子が、ベストトイしてくれるのが第２子、さらに大騒ぎもしばしばの賑やかな子どもが２人以上加わるのが第３子以上です。
同じママとパパで・同じ物を食し・同じような暮らしでも・ホントに不思議に大違いの性格の兄弟姉妹です。

社会の変化は兄弟姉妹の関係にも大きく影響しています。
ハウスや家電などの変化でママの「手」が空き、お子が求めれば（泣けば…）すぐ抱けます。暖かく・揺れ・上から多くが見られ・ラクで・快適です。（また、「泣かせるな！」の外的非難もされて…などで）
ママも幼育無知で、抱けば良い式の・母子密着しやすい環境です。

現代のママには不自由で・予定の立たない・余暇的な時間がふえました。
初めてのお子には対応が分からなくて、泣けばすぐ抱き、また・またまた抱き、やがて何でもハイハイと応じて、お子を泣かせないように務めて、やがて気づかないままに「奴隷ママ」に？

勿論お子も抱かれると、暇つぶしで・ラクで・快適ですから、この特権を絶えず求めつづけます。要求が叶わないと怒り狂い、小さいながら驚異的な大声で泣き叫び、ママに不安や恐怖感さえ与えます。
（狭い室内で耐えられず・逃場所はなく・ママは服従するしかない？）

昨今の少子化と家電化は、外的な環境には多くのプラスを与えましたが、その暇？時間は皮肉にも母に多くの苦痛を与える結果になりました。
まさかの母子関係の始まりでしょう。
迎えた喜び以上にトラウマが強ければ、二子・三子めを迎えるのに抵抗感が生じて、さらに少子化の潜在的要因になっているのかもしれません。

3）独りっ子
だからなのか独りっ子が増えました。信頼できる兄弟姉妹がいない人生もハンデでしょう。
気づかないままに全て（親の愛・まなざし・おやつやトイなどの物も）

が我が物式の生活や無意識の不利な環境を、意識し気遣いすべきです。物を容易に多く与えられるなら、何でもすぐ得られて当然の意識になり習慣にもなります。少しの不足でも不満になりやすく・待てず・わがまま、努力できず、他との共感・共存に支障が出るかもしれません。

逆にラッキーなら、物惜しみせず・おおらかで・好かれるかもしれません。でも成人後に不運なら、お人よしで・甘さを他人に利用されやすく・ハンデでしょう。（現在の犯罪スキルも凄まじいものがあります）

いずれにせよ、いとこ的な・信頼できる・やや濃いお付き合いの仲間がいれば、マイペース性が薄められ、差異にもなじみやすく、生きやすくなりそうです。親が意識して、心がけてやりたいものです。

独りっ子の全ては自分にと与えられ過ぎて、取られたり妨害される意識不足は、危険でハンデです。触れ合い無能では、他の気持ちがわかりにくくなりかねません。
無能な王子様や王女様にさせないように、泣かれ強くなりましょう。

泣いて、欲しいものをすぐ手に入れるやり方は、ワンパターンで無能的です。自分で考えず・欲しいと泣けばそれでOK…はラクです。
しかし一度成功すれば、二度目はもっと長く泣きつづけ、以下同じです。
ママが泣かれ弱ければ、子どもの思うままになりかねません。
（無力な王様・お姫様はつまり無能な人間で見苦しく生き辛いでしょう）

４）２人っ子
２人っ子も課題があります。幼時ではママを奪う対象児の意識が出るからです。下の子が現れた時は、さぞや大ショックでしょう。

3．家庭（父・兄弟・祖父母）

ママもパパも他の大人たちも、第二子の小さく可愛い「赤ちゃん」スターに目を向けて、上の子には一瞬にして目さえもかけられない。

突然、お兄（姉）ちゃんとか呼ばれて・ママの胸もお膝もまなざしさえも全て奪われ・さらに「大きい（2、3歳でも）から、全て赤ちゃんに譲り、我慢が当たり前！」と。

夢にも思わないショッキングな事態に、やがて赤ちゃんになれば、かつてのママとの幸せは取り戻せるかも…と考えて、「赤ちゃん返り」を始めれば、なぜかもっと否定され嫌われる！
（悲しみや怒りで、どんなにか辛いでしょう！）

それではお次に、ホントはイヤだけど、「赤ちゃん大好き」を演じると、ママの笑顔が貰える！ので、しかたなく、でもホントはイヤ？

そうだ！　せめてパパに可愛がられようと、「パパ大好き」になる。
一応は、2児は2親が1対1でバランスが良いのですが、対立性などが気がかりです。

とりあえずの対応に、ママはまずお子が上の子になる半年前頃から、自立を確認します。
お子に自分でできることを、自分でやれるようにしていなかったら、トレーニングを始めます。やるべきことを半分でも一つでも、スローに進めて、「やれたね・できたネ」と励まし、評価し、自分でさせます。（→2子めにママの手を煩わせることが、2倍にならない！）

下の子がやってきて、抱っこされてお乳を飲むのを羨（うらや）んだりします。
「赤ちゃんはお乳だけしか飲めないの。アナタはおやつも食べられるし、

91

○○も〜〜」と、良いことが多くある、と知らせ、お話します。

「○○もやれて…、大きくなってママは嬉しい！ 格好良い・ママ助かる・赤ちゃんは泣くだけで煩い〜〜」などと上の子を肯定し・評価し・手をかけないのを誤解させないようにします。
しかし、幼く、ママ大好きですから、目の前のいつまでも続く下の子優先の日常を見るのは辛く・忍耐も多過ぎです。

ママは手が空けば、ママから抱っこして「大好き！」や「大きくなって重たい！」などおんぶしたり・声をかけたり・一緒に歌を歌ったり・ちょっとくすぐったりして、かかわります。
「○○ちゃんも赤ちゃんの時は、いーっぱいお乳を飲んだよ・いーっぱいオシッコもしたよ」など（ウソもOK！）、話してやりましょう。

とられない・大丈夫と少し安心して喜び、嬉しさでしつこく求めたら、1〜2回応じて、「また・今度ね」と突き離してよい。（約束を守り…また！ やらねばなりません、ズーッと！）
もう1人っ子には戻れないことを、少しずつ、受け入れさせます。

3人っ子以上で「社会」です。
初期の1子時代は独占的、2児時代では対立的で辛かったりしましたが、3人目の出現にはもう経験があり、成長で能力も身につけています。

自分だけ×されるのではない！と、不安は薄まり、無能な第3子の仲間入りは賑やかで・自身の有能性で気が紛れ・手助けできる良い子役もして・満足もでき落ち着きます。
めざとくママの奪い合いなどをしながら、共存性や機敏性が育ちます。

3．家庭（父・兄弟・祖父母）

上の子は下の子の無能性に、自信を得られて・労るなどもします。
下の子は上の子に絶えず追いつこうとマネし（＝邪魔し）・喧嘩して負けずに自己主張し（やれないのに）・ゴマすりや妥協して、仲良く遊びます。
（但し、3児の年齢差にもよりますが、ママは目配り多々で初めはラクではないのですが、やがて、逆にラクになり、賑やかなホームになるでしょう）

5）2歳児が大きい？
人間には不思議な、共通的な感覚があるようです。
なぜか、全て、後から出生した「より幼きもの」をとても愛らしく感じてしまうのです。
下の子の出現はたとえ1年の違いでも、急に上の子は年齢の倍にも大きく感じられ、時には小憎らしくさえも感じてしまいます。

下の子はいつまでも、その年齢の2分の1かにも幼く見えて、上の子よりもずっと「小さく愛おしく」感じてしまうようです。（鳥でも獣でも小さいと、可愛いらしい！）
まだ幼いのに上の子を、つい大きい？と錯覚的（お子は冷遇され感！）な対応をして、誤解させることもありがちです。要注意です！

兄弟の順も選べません。
幼い上の子の目の前で、下の子を抱き「チュッ」と可愛くてたまらない…など決してしてはなりません。
（ママには上の子を、もっともっと抱きしめ愛した記憶があって、同じこと！で差別の意識はありません。でも、上の子には「された覚えがない」のです！
今まさに見続けているのは、弟妹をいつも抱き・愛おしげにほおずりし

ているママ！　無視されて、さぞや寂しく辛いでしょう）

いくらママが愛しても、そう受け入れられるようにしないと、通じません。確かに、なぜか下の子が生まれると即時、上の子はとても「大きく」感じられ、それは一生変わりません。
でも、２歳の兄や３歳の姉が、ホントウに「大きい」でしょうか？

兄弟を公平に遇することは、歪み防止になります。
その公平や平等は子どもから見て、理解できるようにしてやらなければなりません。
ママが大好きで離れたくない、と願う上の子を、面倒をよく見てもらえるからという理由で入園させたりします。
でも上の子は、自分はキラワレているから入園させられ、下の子が大好きだからママは一緒にいる…と思い込むこともあります。
愛情を疑わせることの危険性は、とても大きいのです。

公平は愛情に差がない、というやり方でリラックスさせ、信頼させられます。ホントは、自分をイチバン好き、と言われたがっています、が絶対に×です。（兄弟での、親の「一番スキ」発言は悪魔的な破壊の言葉です。××です）

兄弟に均しく、同時に物を買い与えるのは公平でも何でもありません。必要だから買いもし与える、ということをきちんと伝えれば、わかります。むしろ、小さい時のかつての自分は買ってもらえなかったのに、弟妹は小さくても今、自分と同じように遇されているナンテ、エコひいき！（不快！）と思うかもしれません。

物を与えることで公平を守ることは、手軽ですが、だから意外に難しい

のです。
ママの本心では下の子がよりカワイイのは、避けられないかもしれません。そう思い当たるなら、上の子の存在を犠牲にしている可能性を振り返ってみて下さい。

もしそうなら、きっと上の子はいつも何となく不安で、能力をよく伸ばせないでしょう。ママの見知らない所で、隠れて、ひどいイジメもするでしょう。
ママも人間だから差別は当たり前…ではありません。親で大人で、保護者です。

絶対に公平と信じさせ、安らげなくてはならないことです。
（ゆるやかな虐待が続けば、いつか家庭内犯罪にも？
因みに「ホームレス」の人では「家」があるのに、死んでも帰らないとの悲惨な発言さえ聞きます）
この地上に送り出した責任を、しっかりと確認すれば、そうした甘えにはならないでしょう。

６）兄弟喧嘩

見た一瞬で、善悪を裁かないで下さい。深い遠因や未熟性がありますから。
兄弟間では本音を出し、遠慮がないので、過激です。
（他所の子にはどこか、遠慮してわきまえます）
争いをじっとよく見つめたりしないで、なるべく知らんぷりして下さい。（危険性にはよく注意して、チラチラッと横目で見ながら…）

「喧嘩」はイジメとちがい、「悪いこと」ではないのです。互いの正々堂々とした自己主張・自己防衛です。大切で必要な経験で、勿論１対１

が原則です。「お相撲」的に、女児にもOK。

物を使ったり、手でも顔を攻撃するのは×！
泣き寝入りしたり、諦めて我慢し卑屈になるより、ずーっと良いのです。
（やがて…、自分で自分を守らねばなりません。誰も他の大人を守るなどしません、できません）

殆ど、下の子はママを略奪的にし・大げさで・泣き声が大きく・泣き顔が哀れっぽく・訴え上手で・小さくて有利・要領がよく・したたかで・甘え上手です。
ママにすぐ泣きつきますから、「煩い！」ときっぱり事実を告げて、「言い分」に耳をかしません。（上の子には、「ひいき」に感じやすい）

与えられ育ちの上の子はドジでのんびりし、すぐ「大きいから」（幼いのに？）と譲らされ・我慢させられ・弟妹を「ひいき！」されて・駆け引き下手で、寂しく不満です。
危険に留意しながら、「どっちも頑張れ！　どっちも負けるな！」とムリなチャランポラン式や、「煩いから向こうでやって！」もOKです。

かかわらない（ふり）で、親の公平性を示すのが、お子には安らぎになります。
ママの「ひいき」は、お子の最大の悲しみで、一生の傷になりかねず、成人後の兄弟の不仲を誘因させかねません。

また、無関心をよそおい、「ママに頼らず、自分で」に導きましょう。
負けるのは弱者！　生きものの世界では当然です。
下の子は口惜しくて・強くなろうと大きい子に憧れ・負けず嫌いになる

3．家庭（父・兄弟・祖父母）

かもしれません。

ただ、年齢差が２歳以上であれば、下の子が２歳までは、上の子に「小さいからオマケしてやってね、有難う」となだめます。
２歳過ぎれば、下の子は３歳近い強さになりますから、知らんぷりOK！

（やり過ぎには警戒し、慰めもしたり…で、ママは忙しい？
夕刻は疲れで、遊びの閃き不足や・退屈のイライラで、暇つぶし的に喧嘩が始まりやすいのです。気にすることではありません）

喧嘩に負ければ・持っているおもちゃを取られたら、どうすべきか…と幼いながらに自分で考えます。
大声で泣いて抵抗するか・それとも一応は負けておいて、チャンスを見て取り返すか・きっぱりあきらめるか・ママに言いつけようか…と。

その場のママが一時の平安を求めてすぐ応対し、指図や命令で止めれば、考えるチャンスが減少します。
ママの顔色を見て、従うのは×！（つまり、「指示待ち」奴隷に？）
お子自身に考えさせ、選択させてこそ、認識や対応のトレーニングです。
危険でなければ見ないフリをして、さも無関心をよそおい、自由にやらせ・ミスもさせ、見守るママのもとでこそ可能で、ラッキーでしょう。

兄弟喧嘩はその時の、お子達の遠慮ない主張を必死的にしますから、大声や泣き声などでママにはうるさく煩わしいものです。
自分の辛さやハンデを分かってほしいやら・ひいきを願って安心したい。

あるいはママのスキをみて、日頃いつも自分より可愛がられている（…！）憎たらしい弟妹を、つい打ったり突いたりして鬱憤ばらしをしてしまうなどと、無理からぬ理由は多々で、不足はありません。

半世紀前頃までは、ママは育児にかかりきりの生活はできませんでした。
生活システムが大変化し、庭付きの和風の一戸建て住宅が洋風やマンションに変わりました。庭の掃除や手入れも、障子などの張り替えも建具の入れ替えもなく、また食材もパック的な物が増えて、料理は冷蔵庫も電子レンジもあり、洗濯は入れるだけ…短時間で便利になりました。

ママの手は空きましたが、幼育は放置不可の「現業・現場！」で、省力は不可能です。
むしろ、時間や手間暇のゆとりでさらにお子に目が行き、不安や躾で、口出しや否定の強制が増えているようです。

（ママが１人っ子育ちなら、幼時の触れ合いも大人ばかり…。
園生活はルール重視で、伸びやかな喧嘩など知らない…から、対応が分らない？「喧嘩」してたら、コミュニケーションの学び・自己防衛OK！と喜びましょう）

お子も即要求がかない、退屈しのぎを求め、ラクの無能化と、体験不足などの多大で、少子化の見えない問題が多く出始めています。
（ママ個人の問題ではないことも多々あります。幼育無知性の「虐待」は典型的な例で、パパのママを安らげる間接的な育児支援も多々必要です）

兄弟ほど親しくない他所の子に、長引く喧嘩や、すぐ喧嘩する場合は要

注意です。
暴力で思い通りにすることが習慣になり始めているのですから、止めさせます。
暴力は相手がひるみますから、快感ですが、他を受け入れない性向化にもなります。
共感・共存感不足で、幸せになりにくいでしょう。

往々にして、男児は強くあれ…の思いでしょうか、暴力で戦うキャラクター物を与え過ぎたり、戦いのゲームに多く触れさせて、「問答無用」式の対応をよしとする悪弊にそまります。
それは、一方的な暴力OKになりやすく、やがて、共生・共存が×になりかねません。
ときには、家庭内暴力をしやすい性向になるかも？

4～5歳になれば、大きい子は我慢できるの・小さい子には「オマケ」してあげるのよ・ハッキリ大きい声でお話するのヨ…など、くり返し言い聞かせましょう。
「赤ちゃんではないから、あなたは我慢ができる！」と励まし、勿論、やれた時には、オーバーに褒めます、「かっこうイイ！」と、いつも。

4．祖父母

1）情報多々・スキル高の過去

かつての高齢者は経験や知識・暗黙知も多々あり、役に立ちました。
人手による家業や家事の時代では、指導者であり敬われ・感謝もされたでしょう。
物がなくとも感謝は「マナー」で現わされ、挨拶され、また食事では誰もが手を合わせて（脱帽もして）戴きました。

長い間そのように生き、日本の縦系列社会はしぜんでした。
また戦後半世紀までは上司に従ってよく働けば、誰もが成果を得られました。

戦後生活は驚異的に便利になり、洗濯機やTV・冷蔵庫の３種の電器ははるかに、今や指１本どころか発声のみで可能な生活は、高齢者には何とも有り難いでしょう。
庶民も自家用車や海外旅行も普通になり、ラッキーは多々、他国との戦いはなく平和国家で、長生きです。

しかし今や、過労に耐えた祖父母世代の多くは、変化の凄まじいAI・ITの知識情報や電化技術の能力は若き世代にはとうてい及びません。
経済・社会的なグローバル化を乗り越えて、人工知能などの地球規模化がみるみる進み、スマホ・仮装通貨・遠隔治療・クローン・ドローン・5Gなどと、若い人々の活躍には驚くことばかり！
まるで、進歩の早さは時空を越えた感さえあり、認識や理解も困難で、年功序列のシステムももう無効です。

余りにも急激な変化は高齢者にはとりあえずバーチャル性の変化と分かります。でも幼な子には変化の感知はなく、屋外遊びや生活体験の皆無的な不足は人間の基礎力上とても気がかりです。
状況認識の能力が育ちにくく、ホンモノ・ホントウ感覚や諸体験暗黙知の不足で、無能化さえ案じられます。次世代育てには不安な環境です。

幼児の触れられず・分かりにくいバーチャル的なことは、可能な限り成長後にします。早期はホンモノの環境で、実感する感覚や認識をさせ・事実の存在感を高めます。感覚で分るのは安らぎ・安心の日々になり、自育に進みます。

3．家庭（父・兄弟・祖父母）

（百年後もきっと、０歳も１歳も今と変わらず、人間化開始の時でしょう）
成人の疲労時に生じかねない現実感覚の、錯乱の防止にも役立つかもしれません。

強すぎる刺激から、少しでも幼い脳を守るべきでしょう。
TVは慌ただしく・変化多々・受け入れのみで、コミュニケーション×です。「スゴーイ！旨い」ばかりの一過性的な画面は知性アップにはなりにくいでしょう。

スマホは「待たせず」即断的で、考えるゆとりが少なく、またゲームは「競争・戦い」の拡大・連続で、他を気遣い配慮する共存感は殆どない。
（高齢者は新しい知識から消滅しますから、古い＝若い頃に多くの知識を蓄えるのも、備えになるかもしれません）

そしてまた、家電を購入すれば新知識や分厚いマニュアルで、若い人に教えを請わねばならず、経験と知恵は無力で、弱者意識を高め、支援を多く必要としています。
有益な存在から遠くなり、上から目線だけしっかり…では、彼らの感謝や敬意は低くなりがちなのも当然でしょう。

少子化もまた子ども達を大人の視界から消し、彼らに無知・無関心どころか、お邪魔虫視的な感さえあります。
それしか知らない対応で、やがて、同じようにくり返されるでしょう。

次世代ゆえの明日であり、老後なのですが、どこか「しぜんになる」ような感覚で、保護し・導き・頼み・感謝する意識の低下が感じられます。

(「なる」のは気候や天候に付随する植物・魚介類などです。
人間の運命的ではない自己の意思を、「なる」とは表現しません）
家業を継いで生きた昔は、賢く良い跡継ぎの必要性で、次世代の育成にもさぞ真剣だったでしょう。

孫どころか、その親にまでも、上から目線的な押しつけ風は尚も見られますが、昔の意識や職場でのシステム・ハウス的な上下感覚の名残でしょうか。
祖父母に優しく譲り、諍(いさか)いを避けて否定に耐えるママのお子（孫）が、やがてママに染まり、しぜんに消極的になる可能性もあります。
マイナスの輪廻は、当人の責任ではないのに。

幼な子に物を与えて、愛らしい言動や笑顔の一瞬を楽しみ喜ぶなど、愛玩物的な対応も感じられます。
（誤解かもしれませんが、キリスト教では人は神の前に平等！ゆえに、上から目線が少なく、幼な子でも親を愛称で呼ぶそうです）

今日は動物園、明日は水族館などのイベントに、参加はラクですが、一過性の受け入れで、物を与えられることと基本的には似ています。
そして、毎週お祭りがあるようで、ラクで楽し過ぎます。

江戸時代の諺にも、三代目の孫育てに苦しむ祖父母を冷やかし、戒めるものがあります。曰く「売り家を唐様で書く三代目」（唐様とは、江戸時代に流行した書体・今なら英語？）・「子は三界（過去・現在・未来）の首っかせ」と。教養をつけても財産をなくして家まで売り、ワガママを押さえられない苦しみはどこまでも続く…などと、気を許せば昔の人も苦しんだのです。

3．家庭（父・兄弟・祖父母）

物を与えるのではなく、「こと」を与えて体験を増やすべきでしょう。
「こと」は行動ですから、情報多々で、身体に感じられ・ホントウの実感で分かります。
（知識は一片的情報で、忘れもします。また、物の受け取りには一時的な興奮で・自主的な実感が少なく・成長には至らないかも？）
どうか、むやみに物を与えないで下さい。
お子たちも野生動物のように、ずっと自力で生きていかねばならないのです。

かつて幼な子は「神様からの預かり物」とされ、お伽噺でもお子大切とされ、今もなお「七五三」の神詣でが続きます。
以前の親達は、神に詣でて、おかげさまで３歳を・５歳を・７歳を無事に迎えさせて頂いたと、夏過ぎて秋に感謝を献げてきました。
７歳迄はよく遊ばせ、習い事は６歳の６月６日からでした。

（孫が生きがい！とも耳にしますが、生きがいを与え守り育ててくれる「その母」に、お小遣いやボーナスの感謝はゼロのようです？
物を与えて、有難うの笑顔が欲しいだけ？）

２）「高齢者と幼な子は反比例的？」
老化≠low化であるように務めるべきですが、（表４）もご確認下さい。
エアコンも、高齢者には必需品ですが、お子には暑さ寒さにも耐えさせ鍛えねばなりません。（良く動かさせ、汗腺を増やします）
少々の飢えや不足も経験させ・物への感謝や大切な扱いも感じさせ・待たせ忍耐もさせ、体験をふやさねばなりません。

３）潜在的リーダー
高齢＝経験時間多々＝学習多々！は事実です。

比較　　　　　　　　　　　　　　　　　（表４）

高齢者	対象事	幼な子
少ない	未来	多い
受け入れにくい	変化	受け入れやすい
多い	知識や情報	少なく・無知（ゆえに好奇心多々）
多い	忘却	少ない
退化的	身体機能	上昇
低音	音声	高音
×	ミス	無知で多々○
謙遜的	応対	生意気？
グルメ	食事	粗食？

将来を展望できる能力では、年配者ほど独創性があると、西條辰義・高知工科大学教授は述べています。どうか、以下にご賛同下さい。

①テレビやゲームで過ごす祖父母も多いようですが、バーチャル性や暇つぶし性を知らない幼な子には見せないようにします。
（一瞬で過ぎ・オーバー・受け入れのみ・ラク・動かない・スキル×・バーチャル…）

若い世代には夜更かしや姿勢・目や電磁波の過剰・ゲームの認知症脳化の恐れなどに用心します。
祖父母は実感（ホントウ・ホンモノ）を多くした後からバーチャル世界で、違いを知っています。
が、孫世代は実感が少ないのにバーチャル世界に即時的に入ってしまい…、時に、思い込みや混乱や錯覚しやすい可能性にも配慮すべきです。

（川島隆太・医学博士はスマホ・ゲーム漬けの子は、学習しても、しな

3．家庭（父・兄弟・祖父母）

い子よりも悪い成績の脳になると証明され、警鐘を鳴らされています）

②エコの大切さは高齢者が最も知っています。
エコは地球と地上でのヒト永続性、つまり次世代への思いやりです。そう対応した暮らしを見せ知らせるのは適任でしょう。
グルメ OK ですが、今日のグルメ騒ぎには反エコ性を感じます。
調理の都合や食べ残しで、川や海・大地を汚しかねませんし、食料の廃棄は日本が世界一とも言われています。

傷みがちな食物を、小人数の家族に・品数多く・彩りよく・美味しく・経済的に調理し続けるのも、ラクではありません。
厚生労働省お薦めの30品目を考慮すれば、つい廃棄も出ましょう。
また、きれいなキッチンで・自然状態の食材からの調理もやり辛く・他の手をわずらわせるお任せ物が増え、不安です。

食べ物・栄養の偏りによる罹病も解明されてきました。
偏りは身体のみならず、心にも影響するのを案じて、アメリカの或る州では30年余も前から、少年非行には裁判所からバランスを考えた食事をアドバイスされるそうです。
他の生命を頂き・他の人の手と時を煩わせ・心を配られた感謝のお食事の時間は、フランスでの平均は２時間30分ですが、日本は17分です。

日本には埋蔵エネルギーは贈られず、はるか遠方から購入しています。
でも国土は山地が7割で、清水や緑はふんだんに与えられています。
それなのに、ナゼか食料の自給率はあまりにも低く、輸入食品頼みで、母は安らげません。

③僭越ですが、60代以上の退職後も、ゆるりとお安い就業をお願いし

たい。宗教によっては、仕事は神が人間に与えた罰とされるようですが、日本では良いことで、八百万の神々も御自ら、担当されたとか。
仕事は手を使い・心を遣い・頭を使い・仕上げがあり・他と出会うのですから、良いことでしょう。

今の60歳は昔の40歳と言われて久しく、長命化した若き祖母の社会復帰も社会貢献になり、歓迎されるでしょう。
米英国のように、日本の定年制もまもなく廃止されるでしょう。
また、脳と身体・社会性の活性化は、認知症予防などにもなりそうです。

今や百余万人ともいわれる引きこもり・ニートのお世話をして、彼らを社会参加に誘導できれば、社会保障費の削減に寄与できるかも？
さらに祖父母に委託育てをせずに、母自らが吾子の数年間をお世話すれば、幼育や育児経験も継承され、世代間の育児格差も減少するでしょう。

④戦中戦後の極貧の反動でしょうか、戦後の物欲・禁欲は凄まじく、でもよく働き・成果を喜び・ラッキーと平和に安堵してか、どこかズレ始めたようです。
ホームのハウス化・見えない精神性の低評価・未来への無関心さが窺えるのが、誤解と偏見であれば嬉しいのですが、気がかりです。

2012年版「世界幸福度報告」（ギャラップ社調査）によれば、幸福な国…の日本の順位が世界148国中で44番目、さらに2019年版では58番目に下がり、残念な事実です。
戦後日本人が農業支援した、若き国王の率いるブータンは日本と反対のようで、幸福度はかなり高い。

3. 家庭（父・兄弟・祖父母）

そして、同じく森林が国土の70％の国フィンランドは、学力テストも幸福度も共に世界中でも高ランクです。
本来、国土は国民のもの観のゆえでしょうか、「自然享受権」があり、私有地でも森の散策やワイルドフードも摂取できるのです。
冬や凶作に備えて茸や野いちごなども備えますが、必要以上に欲張った収穫はしないと合意されているようです。ディズニーランドはなく、食器も汎用的で、多様ではないようです。

ムーミンママと称されたタルヤ・ハロネン前大統領のご尽力も並々ならぬものだったのでしょう。
彼女はしっかり納税する国民の育成のために、教育費は無償で・分配率も世界一、希望すれば小学4年生でも落第OKにしました。（分らない辛さの放置をしない）

因みに、女性医師の割合も57.7％で世界一（日本は遙かに低くて21％）です。
さらに、核シェルターとスポーツ施設をかねた「多目的地下空間」なども用意され、安全度もスイスのようにトップクラスかもしれません。

日本では残念ながら、毎年の自殺者が3万人（いえ、10万人とも？）、夏休み明けには中高生の自殺が増えるのを警戒しなければなりません。
OECDに日本の若者の自己肯定感や自尊感情が低いと認証されましたが、もしかして自分より地位が低いものが忖度させられる楽しくない風潮も一因かもしれません。

敗戦後の一世代までは、家業を祖父や父が受け継いで生活しました。しぜんに秀でた技能の年長者を敬い、従いました。しかし今はもう、継承すべき家業はなく、国内どころか、外国をも意識すべき時代です。

107

社会の変遷を見知り、日本を今日させた祖父母・高齢世代の責任も大とせざるをえません。
社会の基礎はホームであり、身近な祖父母の多様な経験・学びを生かして、なすべきをなして、次世代に多くのことをお与え頂きたい。

近年の行政・経済・スポーツ界のトップ方の不祥事とお詫び続きは、次世代にさらに不信感や諦めを高めます。
世襲的な政治や娯楽では、次世代に意欲やトライも与えにくいでしょう。尊敬も減少し、押しつけられた感は辛く寂しく、介護も選択しながら楽しくない？

⑤ルールを守るモデルに
かつてのニューヨーク市は荒れた犯罪の多い街になっていました。
1994年に、ジュリアーノ市長は当選後まず、小さな犯罪の撲滅を徹底しました。駐車違反や地下鉄での落書きまで、きちんとノーすべきをノーしました。
結果は見事に、殺人は3分の1、強盗は2分の1に減少し、夜の女性歩行も安全になり、世界的な都市に復活しました。
（地下鉄の掻っ払い防止に車両の変更には、日本人デザイナーが受け、成功しました）

敗戦までの「世間様」への自重は、自由（ワガママ）謳歌を防いだプラス性もありました。生き抜く厳しさで、お与えに素直に感謝できたのもあるでしょう。
今日の日本社会の小さい？公的迷惑に甘過ぎるのは、敗戦の反動で「自由」を正しく捉えず、やりたい放題で良し！と甘えたのも一因と思えてなりません。精神的に他を思いやるゆとりが、なかったとか？
それらをよく知っている高齢世代こそは、今よく振り返り、ルール厳守

3．家庭（父・兄弟・祖父母）

や公益性を是非、徹してモデル化されるのも願わざるをえません。

良き思い出を残せるのなら、きっといつか感謝されるでしょう。
次世代に残せるものは、より有益な「もの・コト」の経験や感性でしょう。
グローバル化下手な国民性も、大自然災害多々のハンデもよく知っています。
それらに、いかに対応するか？
無用な出費を防ぎ、次世代のより幸せ化に協力しえるか？
何らかの一助をして、終わりに向かうのも、満足できる生きざまになりえましょう。

また、時間的に恵まれているなら、どうか幼な子と遊び（お話・絵本・積み木などの共同作業・かるたやゲーム・オセロや将棋・唄う・散歩・駆けっこ・キャッチボール…）のお相手（＝こと）もぜひお願いしたいのです。

（わざと、上手に！　負け、あるいはしっかり勝って奮起させる…などの演技は、思い出や痴呆化阻止にもなりそうです。
但し絶対に、奴隷ジジ・ババにはならないで下さい）

おやつや物を与えるには、必ずママの許可を得てからにします。
少しのおまけは良いものですが、度が過ぎないのが大切で、可愛さゆえの奴隷化祖父母にはとくとご自重下さい。

やがて、日本の豊かな風土や文化などに触れて、楽しい充実したお供をさせるなどのお導きはよい思い出になり、感謝されましょう。教養教育のお手伝いとかにもなりそうです。

さらにまた、島国のハンデ防止に次世代の留学（＝旅）にも、ご支援なさって下さい。

そして願わくは、敗戦後の驚異的なラッキーであった高度経済成長などを自覚されたなら、どうか次世代への労りや感謝をお願いします。
iPS基金や各大学など（念の為、無関係です）にも、ご寄付も多々どうぞ！

4. 遊び（＝学び）

1. 遊び
2. 屋外あそび
   （健康アップ＝感性・知性アップ）
3. 屋内あそび
4. 手あそび（＝ものをつくる「こと」）
   （第2の脳・五感・触覚・効用）
5. 群れ遊び
   （屋外・室内）
6. 「協育NPO母里ん子」
7. 「母里ん子ママ・シッター」
   （2番目ホーム）

1．遊び

人間をホモ・ルーデンス（＝遊ぶ存在）とも言います。
遊びは「自主！」で、自由でマイペース、義務も・責任も・強制もない。大人にも必要で・楽しく、ストレス解消や癒やしになり、元気になります。

幼な子の生活はすべてが遊び…いえ、「マネ・自学・自育」です。
意図されない、しぜんな刺激に快く誘われ、興味をもち・見て・聞いて・知って、マネて・やれて…嬉しく、くり返しでレベルアップします。

平安時代の『梁塵秘抄』では、「遊びをせむとや生まれけむ、戯れせむとや生まれけむ…」と謡われました。子どもの遊びを肯定し、大人までも遊びの声を聞くだけでも安らぐと当時の人々は肯定しました。
千年も昔からすでに、遊びを肯定し、戯れることによるプラスがよく認識されていたのでしょう。

走り・まろび、描き・折り、切り・結び・組み、唄い・マネるをマイペースのくり返しで、現わし・閃き・工夫し、集中して、楽しく伸び続けます。

独りでもマイペース・お好みに集中してレベルアップします。そして、仲間に刺激され、見て・知って・憧れ・マネて、無知の解消で、バランスがよくなるなど、群れ遊びのプラスも多々で、どちらも必要です。
心身も考慮し、環境も「場」の室内・屋外のバランスをとります。
（幼く無知・無能ですから、成長への配慮は大人に必要な義務でしょう）

4. 遊び（＝学び）

２．屋外あそび（健康アップ＝感性・知性アップ）

心身共に、成長の第一要件です。
広やかな屋外でよく歩き（這わせ）・走り・ぶら下がり…して、身体機能を高め・脳を活性化させ、心身の健全な自育機能を高めます。

屋外歩行は数百万年間の長きに馴染んだ土に触れ、ハダシなら足裏の何百もあるツボも刺激します。重力に耐え、足腰を鍛え、ふくらはぎ（第二の心臓）が静脈を活性化（ミルキングアクション）して血液を浄化します。酸素や栄養素が全身によく届きます。

（動脈は心臓が押し・引力にも助けられますが、汚血を担う静脈は引力に逆らいながらの押し上げですから、自力で動かさねばならないのです。だから「歩け！」なのです）

足腰の確立で、手はよく機能し・脳を活性化し・自由性が快く・満足して熟睡します。太陽光の支援で、脳内ホルモンのセロトニンが増え・自己免疫力が高まり・成長ホルモンがよく出て・健康体にします。

類人猿の上半身は立派ですが、足はヒトの方がはるかに発達しています。幼な子は類人猿的体形で下半身も似ています。
また、神経系そのものが形体的にも機能的にも完成するためには３年を要し、歩くのを急がせてはならない。歩行はヒトの努力によるものである。
さらに足の筋肉は身体の75％をしめ、靴は密閉し不自由で、はだしや下駄がよいと、小野三嗣・医学博士は『あし』（1975年）で述べられました。

（身体のヒト化は土を踏みしめて、歩き歩いた結果で作られたのです。人間化に向かう幼時期にこそ、それらから遠ざかれば、ヒトの進化は反対に向かい、見えざる生存力の退化に進みかねないようで不安になります。
日本の仏教には延暦寺に、歩き・歩きぬく「千日回峰」という厳しい行があり、1100年もの昔から継承されています。戦後の70余年にやり抜かれた上人様は、14御方のみです。

わらじで足下を固め、広く屋外は山路の寺社に詣で、時には京の街にもその歩みは及びます。朝の出立は深夜に及び、休みない３年の命がけの歩みが、いかに人を豊かに広く感じさせ、深く学ばせ、高きに導くものか！

また、役行者に始まる「行者」方の山岳修行、一般人には四国での「巡礼」があり、今なお歩行の力を評価しています。
歩まねば、幼な子にこそまず歩ませねばなりません！）

緑に恵まれた広い**屋外**には酸素・オゾン・マイナスイオン・フィトンチッドが豊富で、蒸散作用で真夏での緑下では温度も下がり、広場には風も吹きます。木陰では紫外線が90％程遮断されるとか。
また四季の変化にふれてしぜんに感性がよく育ち、脳にも情報が多々得られます。室内の単調さとは違い、ほんものの変化は風や草木・小石にも及び、まさに情報の宝庫、そして場の広さは認識力を高めると言われます。

（幼な子は疲れてか、夕刻によくぐずり泣きしますが、一歩屋外に出れば即泣き止み、ご機嫌になります。
2017年の秋には、週に４日の屋外遊びは就学後も体力が高いとも報道

4. 遊び（＝学び）

されました）

「…幼な子の足は前進運動器であり、さらに探索器官である…」と、人類学者の香原志勢（こうはらゆきなり）は『手のうごきと脳のはたらき』で述べられました。

「ハダシ」はまた「土踏まず」も形成し、足裏に円空間を作り、足を上下しやすく・疲労しにくく・運動力を強めます。足の「趾」（ゆび）は足偏に止と書き、即時のストップが足の趾の第１の役目のようです。

各５本の趾（ゆび）が大地を捉えて、全身を支え・よく機能させるので、例えば日本の剣道や柔道など多くの武道は「ハダシ」です。瞬時に対応でき、攻撃も防御にも有利なのでしょう。

（１歳児でも午後の屋外遊びで良く歩く子は、10～16時で１万歩余も歩きます。また、ハダシで走り回った子の５本の足趾は、まさにしっかりと大地を掴まえ、ひと目ではヒトの足跡には見えないほどです。
さぞや身体機能が良くなり、やがて脳力もエネルギーも高まるでしょう？）

親趾（ゆび）と４本の趾で挟む歩行の草履や足袋は脳に良く、下駄はさらにアキレス腱やバランスに良く、桐材は足を冷やさないそうです。
（靴では５趾各の動きは×、まとまった１片的な動きで５趾の別は無用のような？
湿気の多い日本の真夏の蒸れや暑さ・清潔が気になります）
４歳頃に汗腺の80％が仕上がるそうですから、よく動けば体温調節力にも役立つでしょう。

（近年の幼な子の身体症状には不安です。
明らかに低体重児やアトピー症児が増え、お子のハンデや辛さに加えて、母の疲労多々によるお子への離反心理や放置性、逆に過保護性も考えられ、母子の絆にも不安です。

ひどいアトピーのお子が３歳から、自主保育のグループに入り、午後の外遊びの２年後には治癒しました。
医師のお子で、とても逞しい小学生になり、先が楽しみです。

また、乳歯後の永久歯が13本不足のお子や便意不感症状〔年長児に手術を受け、治癒して、医師から奇跡と言われたそうです〕など、衝撃的な小児病には、もしかして母体の幼年時代からの「土離れ生活」が遠因かも？）

３．屋内あそび

幼な子の身体活動には屋内の和室の「畳」が、最上のカーペットです。
「這う・寝転ぶ・飛ぶ・転倒…」などの身体機能には、とても安全なクッションです。多様な動きを誘導でき、バランスをとれて、健康体になります。世界のスポーツ化した柔道は、基は畳のおかげでしょう。
（大人でさえ畳の上で「あばれた！」のですから、幼な子が気分良く動くのも当然です）

すがすがしい畳は植物ですから、フィトンチッドなどの香料も身体によく、また、土のように人体にプラスするバクテリアが１㎠に１億個もいるそうです。
汚れは清拭すれば清潔ですし、ハダシであれば足も清拭して入室するのがマナーでしょう。何年かに一度はそっくり入れ替えるので、最も清潔

なカーペットと言えます。

（洋風のカーペットは洗いづらく、湿気もエアコンだけでは難しいでしょう。
寺社の広間や磨きあげられた縁もまた、清潔で美しく、快適です）

ママにキツくても幼な子には「屋外あそび」が必要です。室内遊びの時間の２～３倍以上を外気に触れさせて下さい。
（狭く単調な室内遊びでウンザリして、心までもが窒息しないように）

４．手あそび（＝物をつくる「こと」）

和室は木材や土・紙などの植物性自然物で作成され、呼吸性もあり、穏やかな中間色で、すっきりした空間でありながら、多様な人々による統合作品で単調ではありません。また、床の間のお軸などを、横山大観が空間芸術と主張したほどですから、「和の空間」性をお軸や花（お子が幼いなら、一時はずす）も楽しめるなら、ベストの環境でしょう。

手あそびにも、落ち着けて集中しやすく、やりよくて、じっくり取り組める畳の和室が望ましいのです。ある民放は「集中力」も高まると伝えました。
（以前は手指の機能が日本人は優秀と言われ、箸遣いによるとか）

昔の学習や手仕事は和室でなされました。今でも幼な子の手あそびでも、机上とイスよりも、畳の方が立ち座りや面積に制限が少なく、やり良いでしょう。
積み木や組み木・ままごとなどには移動しやすく、折紙や描画には小ぶりでお子自ら動かせる机代わりの台があればOK。

畳を汚す粘土などには、汚れOKの部分カーペットを敷きます。

手あそび＝物つくり（作る・創る）、つまり自力でなす「コト」です。
脳がよく思索し・活性化し（＝イメージ・閃き・クリエートなど）、目（＝認識力）も手（＝触覚＝実感・ほんとう！）も動かし、レベルアップし、達成感で満足し、癒されます。
五感で多様に実感できる体験学習です。
「暗黙知」を育て、揺るぎない「自己肯定」を育てます。

多様な手あそびは多様な感覚に触れ・分かり、感性を育て、イメージや閃きを具現化します。さまざまな自己表現で成果を見られて、他からの評価がなくても自分で満足でき、やがて自信になり、ミスを恐れなくなります。
（つまり、シュタイナーの「芸術教育」の幼時編でしょうか）

１）第２の脳
手は「第２の脳・指は突き出た脳」ともいわれます。
類人猿の手は掴まえ・握るのみのミトン状ですが、ヒトは各５指を自由に使います。手の機能は豊かで、指し示し・受け入れ・受け止め・合わせ・握り・結び・押し・書き・描き・コミュニケーションや運転・料理などなど、多様に思い通りに動かせます。

開けば、歓迎や武器所持ノーを知らせ、他と合わせれば思いが通います。強く握れば意思の強さが伝わり、心も表現できます。
両手を合わせて、水や物を保持し、おむすびも作れます。箸や筆・ペンやナイフ・コテや農具・ロボット・PC・車や建機・武器などなど、さまざまな道具を作り、また使い、より良い生活ができます。

4. 遊び（＝学び）

まるで汗の分泌までも自由にできるような職人さん達は、驚異的に高度で・複雑・精巧な良い物を作ります。絶えず「より良い物」を作りたいとDNAにあるかのようです。芸術家は多くの人々を感動させ・励まし・癒す素晴らしい名品を創りあげます。
（いずれも高齢化で、さらに高度化されます！）

２）五感
「味覚」は胎内から始まり、甘い羊水はよく飲むそうです。
０歳児は這いながら、１歳児ではヨチヨチしながら、キャッチした物を素早くお口に入れ、未知の味を確かめ、楽しみます。

「嗅覚」は幼時の匂いをよく記憶するそうです。
なぜか嗅神経が、脳に直接届きます。また、鼻腔での空気が頭を冷やし、喉とは違って黴菌(ばい)を増やしません。
安らげば口を閉じて、鼻呼吸をしやすく、喉を守ります！

「視覚」は赤ちゃんは視力が弱いので、まずママの目の黒丸に惹かれ、じっと見つめます。泣いていてもランダムな黒丸の表を見せると、パッと黙ってしっかり見つめます。（退屈がイヤ？　何か見たい？）

２歳までに見ないと、過ぎれば手術などで回復しても視神経の発達が間にあわないらしく、視力は出ないそうです。
情報の80％は視覚によるといわれ、目聡いの言葉もあり、素早く・しっかりと見る能力も望ましいものです。（自主的な遊びが役立ちます）
表情で、「言葉の嘘」を感じとるなど、微妙性のキャッチはコミュニケーションで育ちます。

ボンヤリ見ない「良い目」には、良く見てしまう環境が良さそうです。

つまり手にとって、触れるとしぜんに良く見てしまいます。
テレビやバーチャルは実感がなく、サッと過ぎる画面をせわしく見るだけで、退屈しのぎにすぎなさそうです。まざまざとよく見とれず、確認できず、理解不能（突然のCMが分る？）で、幼時には向きません。

（脳は急ぎ見る性向があり、視覚ミスが多いとも言われます。
幼く不慣れで未熟な脳は、大人よりももっと視覚ミスや表現無能で、多々誤解されるでしょう。すぐ否定し、緊張させるのは極力避けねばなりません）

「聴覚」 の伸びの頂点は８〜10歳頃と言われます。
まず胎内でママの心音や血流音に馴染み、音波を捉えるそうです。
視覚は形を何度も捉え・見直せて・情報キャッチが容易です。
しかし、聴覚は一瞬で過ぎ・姿はなく・見られず・キャッチできず・脳でイメージし・判断します。集中力が要ります。

ボンヤリ聞きは、日常的な雑音が多いことからの無関心な気持ちが影響します。
（疲労も要因かも？）
また、早口応対や押しつけ・小言が多いとよく聞く気にはなりません。
騒音でなくても、心で否定すれば、聞く気にならず・聞き取らない。
ウンザリで遮音心理が続けば、やがて身体的に耳もよく働かず、良い耳にはなりにくいでしょう。
（耳も疲労するかも？　音楽家には不向きでしょう）

３）触覚
「触覚」 こそは視・聴覚など他の感覚の認識力を補い、多機能です。
温度や重さ・堅さ・緻密さなどの情報で、より正確に認知できます。

4. 遊び（＝学び）

聴・嗅覚は共に実感があやふやな、一過性の半バーチャル的な感覚です。視覚は一過性的な脳内記憶でも、くり返せば確認しやすく、味・触覚は実感記憶され、よく記憶に残ります。

触覚は実感記憶が明確で、非バーチャル的です。脳内記憶に加えて、まるで皮膚記憶な感覚が確実感を与えます。未熟な幼時には不安感の少ない情報キャッチで、機能のズレを防ぎ、快い日々になります。

さらに、「心」を伝えます。見えず・聞こえず・語れなくともコミュニケーションさせます。触れるなら暖かく孤立感を防ぎ、安らげます。
ときには、過酷なハンデを乗り越えさせ、輝かしい活動家さえも育ちます。

サリバン女史に「触れて」、ヘレンケラーは無知無能的な３重苦を乗り越え、常人以上の活躍をされたのは有名です。
微妙な感触は思いや心を、その人間性をもよく伝え、暗く孤独で不明に苦しむ１粒の種子を大輪の花に開花させました。
因みに彼女も日本好きで、来日をくり返したようです。
触れること・手によるお世話は、無能な幼な子には欠かせません。

4)「手あそび」の効用（＝即・成果の事実確認→自己肯定）

（表5）

効　用	能　　力
脳・能力	大脳＝60％＝手にかかわる
手作業力	認識・感覚・正確性・実感・クリエート
多様性	感性（物～人間性）・認識・変化（質～心性）
小・成功	成果・確認・満足・自信 　　　　　　　→自己肯定（内性）
真善美	イメージ・閃き・工夫・努力・意欲
くり返し	少しずつ変化・マネ・スキルUP（見止め肯定）

当然ですが、幼な子はホントに、手も全ても、とてもヘタ！
でもママの笑顔で気にせず！　仕上げて喜び、必ず見せて、「認め（見・留め）」られて、安らぎ満足します。
ママの「やれたネ！　できたネ！」で喜び、素直に穏やかになります。
（モンテッソーリは、充分な遊びの満足で人間性も高まる、とも！）

「やった・やれた！」の喜びの積み重ねは、実感のホントウの実績です。
我が手の成果の確認を重ねて、ゆるぎない内的な「自己肯定力」の確立になり、他からは動かせない。
（愛された「自己肯定」は外からの贈り物です）
「やれた！」への誘導には、いつも少しの変化やレベルアップが必要で、継続でレベルアップします。ママの愛で可能でしょう。

材料にはこと欠きません。
積み木（壊すことから始める！）や組み木・木っ端や木の枝などでダイナミックに。
折り紙やシール・包装紙・布切れ・紐などを折り・貼り・切り・ちぎり・描き・つまみ・結ぶ…などを多くトライさせ、満足させましょう。

4. 遊び（＝学び）

さらにお子にはクッキングやお手伝い（大人が、幼な子にお手伝いをお願い…とは、変な言い方ですが？）・家事なども手遊びです。

現代の家事などでの手働き減少は、時間も節約でき、大人には有り難いのですが、お子には体験不足による、脳力や身体機能の低下を招く可能性もあります。
多様な手の体験済みならば、不安はなさそうですが、幼な子は殆ど「何も知らない・やれない」などの無能化が案じられます。
意識して防止に努めて、いろいろとやらせるべきです。

さまざまな手あそびは、即時的な仕上げで、「やれた！」と幼な子を満足（とても下手でもOK！）させます。
まるで、今の自分の未熟さをよくわきまえ、やがては素晴らしくレベルアップする！　と確信しているかのように、下手！を全く気にせず、喜びます。

くり返せば、レベルアップし、自らの手作用での満足多々はやがて、自信になります。さらに内的な自己肯定を確立させます。他の評価に揺るがない、生きざまになるでしょう。

※「シュタイナー」は、「フォルメン線描」という描画制作を高く評価しました。
…図形、その湾曲、伸展、リズム、運動を体験し共感するのは新しい芸術体験であり、低学年児でも正方形、円形、三角形などの幾何学的な図形関係に触れさせるべきと。またシンメトリー図形にふれると、正しいやり方で現実についての観念を形成しうるので、くり返しが重要とも述べています。

次々と急がせずに、くり返して、じっくり取り組むことで、本質にレベルアップできるやり方を大切にするようです。
就学後の文字学習はノート1ページに1文字として、彩り楽しむなど急がないようです。

「モンテッソーリ」もまた、円柱さしや階段などの感覚教具を創り、高さ・長さ・体積などの10倍のそれぞれの正確な差を感じさせ、誤りも自ら訂正して、自力の完成に満足させ、自信をつけ、遊びで感性を磨き育てました。

徹し求め続けるやり方は、日本ではさらに昔の江戸時代で、小倉織りにも見られます。1色の濃淡の組み合わせから、美しい縞を産み、丈夫な布にして、かつては武士の袴に重用されました。
じっくり取り組む手あそびは、幼時期にこそ可能でしょう。

4. 遊び（＝学び）

5）さまざまに…（以下、多様に手あそびさせましょう）

（表6）

手あそびの分類	気をつけるポイント
1）出し入れ・移す・閉める・積む・捻る…	＝変化を楽しむ （反対の手・目を閉じたりも…）
2）並べる・合わせる 　　（→「模様化」へ）	＝認識・記憶・分類 　　　　　　（→「整理」へ）
3）描く ※「塗り絵」 　＝×クリエート	＝感情表現・色と形の具現化 　※「なにを描いたの？」と尋ねない！ 　（＝さっぱり分からない！　という侮辱的な意味になる） →マルがいっぱいネ・大きいのと小さいのネ・色がいっぱいできれいネ〜
4）貼る　〈①シール〉	＝認識〜色・形・集中力・正確性 　　（易しい〜高度・丸形のみ）
5）貼る　〈②のりづけ〉	＝認識〜色・形・適量・集中力・正確性 　　（難度中〜高度・さまざま…）
6）ちぎる	＝自由性・材質感（易しい〜高度）
7）切る	＝危険性・注意・認識（線と形）・不修正感
8）積む・組む	＝重さ・立体感・量・高さ・数・破壊（〜感性）・構造の理解・作成
9）折る	＝変化・形〜平面と立体化・角度・自由形
10）こねる	＝形の変化と自由性・手触りと癒やし
11）通す	＝集中力・色と形・数・記憶力
12）包む・巻く・結ぶ・編む	＝変化・作成の自認識
13）自由制作〜不用品・自然物…	＝工夫・変化・作成の自認

5．群れ遊び
1）屋外・室内
「群れ遊び」では、マネ・学び、総合的な社会性も育ちます。

脳生理学では、一夫多妻の大家族制で人間脳が成長したと、証されました。半世紀前までの長きに子どもたちは異年齢の集まりである大家族の下で育ち、多様性や自由性・社会性に加えて自治力も育つ、望ましい集合体で群れ遊びました。

正当な自己主張はコミュニケーションや自己肯定の基本です。
残念ながら日本の若い人の自己肯定力は世界的に低レベルです。
(「日本の子どもの自尊感情の低さ」を古荘純一・医学博士も案じておられます)
おうちでワガママが言えても、対外的に自己主張が下手！　なぜでしょう？

年下だから・未熟だから従えと、儒教的？な風潮は反民主主義的です。
上位者から強制や否定を多々されては、「ノー」の力も、自己肯定力も育ちません。
家庭でも正当な要求さえできずに我慢や隷従の生活では、やがて時来たれば怒りで非行などの爆発もありえます。

(親や大人世代から受け入れられた安らぎや信頼の体験・実感の不足にさせないように、よく心しなければならないでしょう。
アメリカでは親への信頼ゆえでしょうか、「家庭内学習」者が10年前に200万人を超えているようです)

安らかに遊べば、よく見え・よく知って、仲間のハイレベルを目聡くキャッチし、マネ・トライ多々でバランス良く育ちます。
好奇心を満たし、レベルアップをめざします。他のお子たちこそは即ちベストトイであり、よく遊ばせ・自育させ・高めてくれます。
群れ経験が少ないと、多様性や異質性に疎く・わずかな違いに敏感にな

4. 遊び（＝学び）

り・不安で落ち着かず・むやみに他の子（人も）を恐れたりします。

ママと、或いはお子１人の遊びは、個としては有能になりますが、多様性や仲間力はよく育ちません。他の子の特技や閃き・工夫の刺激も得られません。自分のお得意で自信を強めることにもならないでしょう。
マネの自育や共感する社会性・仲間力が育ちません。

２人は群れではなく、３人でも１人が欠ければ群れではありません。
また、ルール性の強い集団に属するなら、やはり群れ性は低くなります。
３人以上のさまざまに違い、自由性のあるのが群れです。

同年齢では他の子のお得意な技や閃き・工夫の刺激は得られ、マネもできます。でも、年下や上の子の多様な変化には触れられません。
目下には優越感で自信を持ち、目上には憧れて努力して、豊かに遊び・学びます。意外性も好奇心や疑問を招き、未知も確認できて、脳も楽しい！

自由な「群れ遊び」こそ、総合的な身体機能や脳力・諸能力や社会性や自己肯定力が豊かに自育します。
一夫多妻制下の多様な大人と子ども達のなかでの程良い刺激で、自由な群れ遊びで大脳が進化したのです。多様性や異質性に触れ・未知の不安が少なく・怖がりにくいでしょう。
（群れは自由雑多的で、同一的な共同行為がたとえあっても一時的です）

全ての思想・技術・芸術・システムなど、他の多くの人々のご努力で、今やとりあえず最高の人間化に至りました。
４次元的な感性や理解認識・さらにIT化もまた最たるものでしょう。

（感性やコミュニケーション・時間やITは有る！のに、三次元的な五感では触れられない、高度なもの！）
見えず・触れられず、でも**確かに在る**のに、具現化不能な感性や暗黙知・知性はたやすく**キャッチできません**。さまざまな分野にマイペースに自力で、思索したり、実践や体験して少しずつ分かり・学べます。

他の子どもに協調したり・自己主張したり、その時その場に多々合わせて、遊びの多様な総合性がいつのまにか育ててくれます。
ラッキーなら高度化は留まらないでしょう。

２）**群れ仲間**
①半世紀前まで、子どもの遊び仲間は雑多な群れでした。
多子で近所に子ども達は多く、集まる遊びは年上（＝ハイレベル）に従う雑多なしぜんな縦系列であり、屋外で、四季で感性を高めながら自由に戯れ、自治能力も育ちました。
家内・農作業での大人達は身近かで、誰の親であれ、困れば助けを求め、またすぐ応じてくれ、安心に遊び戯れました。

川沿いであれば、小学高学年児童が幼な子に泳ぎを遊びながら指導したり…（半世紀前まで水泳教室は普及していなかった）
安心と自由と多様性…で、きっとよく見・知り・分かりながら、成長と共に責任感も判断力もよく育ったでしょう、どの子も！

②**０〜６歳**までの年齢差のある子どもたちでは、同一性は低く、共同行為は難しく、変化も激しく、各自バラバラの身勝手な動きです。
未熟・無知で・言葉知らずですから、誤解やミス・怒りなども多く、ギクシャクや争い・意地悪も発生します。
（ママの見ぬ振りで、大事にはならず、すぐ収まります）

4. 遊び（＝学び）

異質性や多様性をしぜんに学びます。（思考力は少しの違いで育ちます）
赤ちゃんの可愛らしさや邪魔っけさ・どじな存在も、仲間内で見て・触れ合ってこそ分かります。それは、しぜんに自己評価をも高めます。

１～２歳児のマイペースなモンスターもやむを得ず受け入れ、耐え・対応できます。
独りっ子や２人っ子には、必要な場です。
異質な存在に驚いても、見れば分かり・慣れ・受け入れます。誤解やイジワルで泣いたり悲しんでも、仲直りは速やかで、すぐ忘れます。
（やり返しもOK！）

成長でしぜんに気配りし・労り・順番を守り・我慢します。妨害にも気にせず、関心と誤解して？やがて負けずにやり返し、年下には自信を持ち、譲り・指導し・守ります。

ときにはノーをしたり、八つ当たりしたり・されながらも、社会性や場の認識や判断ができ、仲間に不安や違和感はありません。
大きい子の強さ・有能さに憧れる日々は、子どもに夢や望みのある楽しい喜びの時間です。強い大人になるトレーニングで、自育します。

（ママの「見て・視て・看ぬふり」の知らんぷりで、大したことではないと知り、争いや悲しみもお互い様で、すぐ忘れます。
ママの我が子のみ大事なオーバーな反応こそ、お子には邪魔っけです。
子どもは一人では育ちません。ママも一人では育てられません！

※「見て・視て・看ぬふり」はしっかりとよく見ていてこそ、放置か・かかわるべきか…の正しい判断が可能です。
往々にして瞬時に見た判断で、誤解や不正確な応対をして、子どもを悲

しませ・リラックスさせず・不信感さえ与えやすいのも多いのです）

具体的で多様な感覚や実体験が、人間化をめざす幼い脳には欠かせない大切な刺激です。
共感し、協力しながら、自立して、自己防衛し、自己主張します。
泣き、耐え、義務や責任をとり、さらに助け合い、人との共存を喜び楽しむ…などと、高度で複雑で、微妙で豊かな人間世界にしぜんに進みます。幼時は「人・間」化の素質化の時ですから。
（ママ達が、他のお子のおかげで吾子が成長できることを、得心すれば、実りある群れ遊びでしょう）

3）協力育て（自主育児）
①環境の激変で、子どもたちの自然な群れ遊びは消えました。
今日の屋外は車が多く・誘拐もあり・危険が増え・居る場さえない。
公園に幼な子は少なく、水場の楽しみには大人の目が光ります。
自然に恵まれた自由遊びの場にも、わんぱく大将もいません。

せめて就学前には、可能な限り屋外と広い室内で群れ遊ばせたいのです。
ママの存在はバリヤーとして必要ですが、否定多々では、お子達は顔色伺いのロボットになりかねません。「ノー必要最小限！」を厳守します。

ママたちの「見て視て診ぬふり」の危険防止と、お口にチャックでお子達を伸びやかに**自由させ、自主自治的**に楽しませ、遊ばせます。
お子の認識力や対応能力を高めるために、お子達自身が感じ・考え・判断し・ミスし・トライするのが必要です、遊びで可能です。

幼時はかなりケースバイケースで、知識や暗記学習はまだ困難です。

4. 遊び（＝学び）

さまざまに出会い・感じ・実践し・体験で、ようやく少し分かります。
（＝学び）
できる限り、年代の異なる子ども達に触れ、違いをキャッチし、自主・自由に群れで安んじて遊べば、他（多様）を理解し、学びやすく、自育します。

②自ら見てまねられる刺激はしぜんでマイペース、強すぎず、幼な子を混乱させません。
幼時は集中する吸い取り紙ですから、少しの新しい刺激や変化にも興奮し・集中し・疲れます。強い刺激が続くと機嫌が悪くなり（自分では分らない）、発熱することもあります。

大人は既知で、何ともなく平気ですが、幼な子には程良い刺激が大切で、要注意です。いつもの見慣れた仲間やママ達にまず安心します。緩やかな自主的な刺激が望ましく、わずかな知識や経験ですから、前進も少しずつです。
（でも、休まない亀なので、つまり速いのです）

少しの違いやレベルアップがベストな刺激です、ご馳走です。（くり返しも多々OK！）
仲間とギブ＆テイクの楽しいくり返しで、ドンドン吸収し、定着します。
ハンデには労り・助けられ、できることをします。共感し・笑い戯れ・共存を肯定します。（教えようのない人間性が自育されます）

学びたがり屋さんのベストトイのNo1は、多様な子ども仲間です。
真剣に見てマネ・懸命に追いつき・追い越しながら、楽しい日々は変化に富み、退屈知らず、めざましい成長は留まりません。

③０歳児！でも目上のレベルに惹かれて、懸命に見・聞いています、動けなくても。(分かる？ようで、分からなくても保留記憶 OK らしい…)
１歳児の自由の喜びは１秒さえノンストップで、１日中動きまわります。
２歳児はようやくグループ内での存在位置を理解するのか、３歳児以上への憧れは強烈です。見たことがすぐやれる！と思いこみ、やれないので大喚（わめ）き泣きします。「３歳みたい！」などの評価や励ましには、大喜びの大ニコニコで、笑いが止まりません。
逆に「１歳みたい！」と×行為にイジワルをいえば、シュンとして自制します。

０〜６歳の年齢差は、時間差以上に大きく、同一的な言動は少ない。
未熟で無知から必死に脱出しようと、懸命にもがき、誤解やミス・諍いでギクシャクもして、泣くこともしばしです。
異質性や多様性は充分で、不自由も多いですが、少しずつの違い！こそが、思考させます。

赤ちゃんの可愛らしさや邪魔っ気さ・無能で哀れな存在もまた、仲間として、傍でよく見て、触れて、よくワカリます！
１〜２歳児のドジでマイペースなモンスターぶりも、一緒しなければ、迷惑の対応力もつかないでしょう。
(…自己の有能さ？がわかり、２歳児でさえ目下を労り・譲ります)

一人っ子や、年が離れた弟妹のお子には、とても素晴らしい場です。
異質な存在に驚き震え上がっても、すぐ慣れ・学び・受け入れます。
イジワルや誤解で泣き悲しんだのに、すぐ忘れて、次ぎのトライへ仲良く一緒です。
楽しい仲間には不安がないから。(ママの知らんぷりで)

4. 遊び（＝学び）

成長とともに、しぜんに気配りし・労り・譲ります。妨害を無視し、負けずにやり返します。我慢し・目下を指導し・守ります。
（驚異！です、人間の本質？　口出しや押しつけもしないのに…）

④「イジワル」は一過性で、ママの（見ても）知らんぷりで大したことはない！なのです。ママの対応で、どうっということではナイ！と分かります。やがて、やられたら、やりかえせたりもします。
（相手が違ったりですが、ギブ＆テイク？でお互いさまです）

「イジメ」る意思的な言動が数回続いたり、２歳以上の目下に悪意の応対が見られたら、即・きつく・しっかり否定します。
（「イジメ」には、相手を苦しませて、自己評価を喜ぶ…悪意があり、目撃したら許してはなりません！また、相手への強い怒りや憎悪も原因になります。
よく見ていて、「イジワル」と見誤らないことが大切です。
喧嘩の同等性とは違い、卑劣で・習癖化し・犯罪の温床にもなりえます。
知らんぷり的によく・よく見て、「いじわる」と見誤らないことが大切です）

ノーをしたり・されたり、八つ当たりしたり・されたりしながらも、やがて、より小さい子よりも有能で強い自分に気づき、自信を持ちます。
社会性が育ち・場を認識し・判断もし、群れで生き生きと遊び学びます。
小さい子は大きい子の有能さ・強さに憧れ、追いつこうと懸命です。
こうした場で、お子は夢や希望のある、楽しい日々を過ごし、力ある大人へ自育します。

⑤育児上の違和感の少ないママたちのバリヤーが、望ましいのです。
お子達をさも気ままにさせるかのように、喧嘩もOKで、知らんぷりのお芝居で支えあうママたちはベスト・バリヤー！

他の子どもの存在が、我が子に見せ・マネ・トライさせ、ときには喧嘩もさせ、導き育ててくれる刺激で、有り難い！　としっかり認識しているママたちにこそ、可能です！
（仲間にギブ多々！とか、マナーに誤解や、違反に不満などで、否定的なら、仲間力×・自己中でできないでしょう）

愛児の心身の変化・成長をママが、おかげさまを理解して、ママ友に感謝できるなら、群れ遊びは容易です。
週3全日を価値観の差や疑問に耐えながら、触れ・共にするのはラクではないでしょう。でも、視点を変えれば、別の感覚になります。（人間ってスゴイ！）

自己愛が強ければ・責任感や義務感が弱く、仲間ではいられないでしょう。
他のお子の成長に目をやり、その子のベストが我が子にないと不満不足であれば、やはりメンバー力×！

他のお子の長所を見られて、やがて我が子も刺激され、マネて引き上げられると認識し、信じて待てるママならば、ほんものママ！
他のお子は他のママのおかげであり、刻一刻と留まらない吾子を見続けて、ママ協育は可能です。忍耐多々の楽しき日々は愛児の20年後のために！

（幼時の悲しさ辛さは、ママのお膝で泣き、労られるなら、すぐ忘れ、

4. 遊び（＝学び）

再びお出かけです。泣いてきたら、初めて、気がついたフリをして、只々抱きしめ・静かに慰め・励ましましょう。言葉も理由も無用！即、ケロリと行動開始、お出かけに…）

6．「協育 NPO 母里ん子」～1例として～

昔の子ども達は3～10人兄弟が普通で、しぜんな望ましい群れでした。かつて徳川家康公などの戦国武将の御家々でも、御大将のお子育ては群れ遊び式のようでした。重責あるお守り役は信頼する知恵者のお年寄りで見守り指示し、お小姓達は年齢差があり、学びも武道の鍛錬（きっと遊びも）もいつも共にしたようです。孤育ちのマイナス性を良く知っていたのでしょう。

今や環境の激変で、多様な子ども達も大人も消えてしまい、自然の自由遊びの場もなく、自治するわんぱく大将も、続く目下もいません。
（大人の監視や指示性が強く、従う緊張の胸式呼吸で生きているかのよう？）

せめて幼時だけでも、可能な限りラフに群れ遊ばせたいのです。
ママたち大人の顔色伺いをさせずに、できる限り、自主的なホンモノの遊びをさせたい！
ママたちが見ぬフリをし・お口にチャックして・子どもに自治させる！
認識力や対応能力を高めるために、子どもたち自身に感じさせ・考えさせ・判断させ・ミスもさせるための自由な群れ遊びなのです。

お子は一人では育ちません。（ママも一人では育てられません！）
具体的ないろいろな感覚や実体験が、人間化を入力すべく幼い脳には欠かせない・しぜんな・ムリのない・大切な刺激です。

共感し、協力しながら自立して、自己防衛し、自己主張し、共存できます。

泣き・耐え・義務や責任をとり、さらに助け合い・人との共存を喜び楽しむ…などと、高度で複雑で・微妙で豊かな人間世界にステップアップします。「人・間」の資質化です。

もう半世紀余前には戻れません。昔式育児は不可能ですが、ママ達が近づこうと協力して、見ぬふり式の育児グループがあります。
幼な子は遊びがお仕事！　義務と、モンテッソーリは説きました。
就学前の０～６歳児の群れで、ママ達が遊ばせ、良い資質化・幸せ化に努めています。
貴重な数年間の母業を、遂行させるステキなパパに守護されながら…。

活動例『協育NPO　母里ん子』をご紹介します。
ママたちで１週に３全日の「群れ遊び」を１０余年にわたって活動しています。午前の活動は、
①ムーピメントを室内（安全な和室）で多様な身体運動
②手唄あそびを母子ともに
③多様な手あそびを年齢別に、（一諸）にします
触れさせ、トライさせることが重要で、結果は求めません。（出ていますが…）

午後は屋外での自由遊びで、自然的な公園などで過ごします。広やかな大地で、走り、観察し、ハダシしたり、砂場で過ごし、枝ぶりの良い木を見つけて、土に描いたり…

4. 遊び (＝学び)

１）日常活動
週３全日（10時～16時半）・室内２時間（和室の大広間～施設借入れ）で
・ムービメント・手唄あそび・手遊びをする
お弁当（公園でピクニック？）後は16～17～18時近くまで、自由な屋外遊び（おやつも）を楽しむ

① 「ムービメント」～バランス良い身体への機能アップ化
（０歳児もせっせと這いながら、見聞きして、情報をキャッチ・入力します）
② 「手唄あそび」～共感しながら、指遊びしながら唄ったり、俳句などの暗唱（忘れて良い！）も。０歳児も静かに聞き耳をたてます。
③ 「手あそび」～多様な手作りで、「やれた！」の喜びを重ねて、やがて揺るぎない自己肯定化に。

２）非日常活動（体験アップ！）
・茶道あそび～（月１回）
・知郁あそび～（年長児のみ、１年の就学準備で基礎学力と知的な感性に触れる・デイリーダーは母達で、幼育研究舎のカリキュラムによる）
・料理～（２～３月に１回）
・季節を楽しむ～（時期に合わせて遠足や雪あそび・お泊まり会…）
・施設や高校訪問～（年に１～２回）
・セミナー・写真展・修了式～

３）趣旨
・目的～幼時期の資質化を重視して、母達の協力で責任に務める
・目標～母子関係の絆化と身体・脳・能力の成長促進

母達の下で就学前を遊び、仲間力と諸能力・生存力を高め、日本文化にも親しむ
・その他〜産後や復職ママに託児支援、共存と学びの環境整備

※「入会後…」
毎日子どもと一緒！ナンテ耐えられない…というママが、とりあえずお子の為に暫く、入会されて…、やがてビックリ！
お子は子ども仲間に魅かれて、ママから離れて遊びに夢中！
（3歳児が5〜6歳児とママ達からなるべき離れて、お弁当したり…）
遊びに満ち足りた寝顔を見て、「もっと早く入れば良かった」と多くのママの言葉です。（困った時だけ、ママを必要…が幼な子の本心のようです？）

※「協育」
「協育」はお子だけ…ではありません。
お子同士・お子とママ・ママ同士の社会全体的な場での「協育」です。多様な人仲間と触れ、見て・知って・マネて・トライして、自育して行く場です。お子への愛が、さらにママを豊かに有能に育てます。（長い学業と職業生活はルールと知識の世界・娘時代の自由も同様に、人とのほんとうの触れ合い不足？）

4）昔式？
言うなれば、母子の絆が強かった「昔式」の良さがあります。
かつての多くの貧しく・多忙で・子だくさんだった母達は、子どもに充分な手間暇をかけられませんでした。
それ故にでしょうか、お子への思いは強く、それらは例えば、太閤秀吉の「お袋様」や、今日までの成功者の多くの感謝の言葉からもうかがえます。

4. 遊び（＝学び）

何人もの異年齢の兄弟姉妹たちは、多様性に富み、年長と年下の互いの良さがあり、労りや自主性もしぜんによく育ちました。
かつて子どもを育てるのに、「三分(さんぶ)の飢え・貧が良い」とも言われました。少々の貧しさや不自由・飢えさえも、成長には役に立つ…の言葉も、何か分かる気がします。
（長子は跡取りとして恵まれ、与えられ甘やかされがちで、ノホホンと育ち、気がきかないなどを、揶揄して「総領の甚六」などと言われました。
でも、今では殆ど甚六さんばかり？）

今日の暮らしには危険が多く、また少子化で母の手は空き、目もよく届きます。うっかりすると、四六時中お子を監視（穏やかな見守りではなく）して、ノー・×多々を続けかねません。
幼な子は母とだけの単調な、そして、×多々な生活で、もしかしてお子の心は窒息寸前かも？

（いわゆるお利口さんで・大人しくじっと何もせず・OK されたこと…ママにらくなことだけして・顔色をうかがいながら・やがて無反応で無表情になる？　いえ、ならないなら良いのですが…）

何人もの異年齢の仲間は、育児上の価値観を同じくする母達に見守られ、巧みに「見ぬふり」されて、自由と思い込み、伸びやかに自学し（喧嘩も！）、自育します。
恵まれた最高最上の、ぜいたくな環境でしょう！

5）お互い様（助け合い）
・託児～事務・急病や検診・出産・家庭内事情・復職
・お泊まり～5歳以上（原則）

※全メンバーがいつもニコニコできないことも多々あります。
お子の為！に自制はされても、その場の対応に違いが多くても当然です。幼な子は変化が激しく成長差・環境差が大きく、無知的なママ達に一時の誤解や違和感は、当然多々あります。ママ達にも価値観・育児歴・パートナーなどの違いがあり、さらに1週3全日ですから、ラクではないかもしれません。
（誰1人、兄弟姉妹でも、同じではナイ）

でも疑問や不快性を逃げずに、粘り強く何度でも話し合い、妥協し・主張し・諦め・共存するためのスキルアップがママの課題であり、社会性のトレーニングにもなるでしょう。
他者を鏡として、自己を見るしかできませんから…やがて、人生最上の学びとして、殆どのママも共に巣立たれます。
（幼育は「人間学び」です。本質や原点を見てしまうからです。
吾子への愛はママの社会力のレベルアップにもなり、在会中にいろんなママから学べて、ラッキーでしょう！そのママをよく見ていて…、お子はコピーし染まります！）

4. 遊び（＝学び）

健やかで 逞(たくま)しい仲間が増え続くならば、お子の未来は明るく心強いでしょう。この環境を維持してくれた先輩ママ達に感謝し、やがて続く後輩に引き渡すべく、母の努力は必ずや、彼女の人生の最大の満足になるでしょう！

敗戦前の国のための諜報活動で、さらにその後の罹病で、まさに落命寸前に陥りながら、インド・ヨガに救われ、銀行頭取のお働きをも捨てられて、**中村天風**師は
「悲しくば　明日悲しまめ　今日の日は　光うるおしく　吾れを照らすを」と歌われ、戦後の指導者方を導かれ、忍耐と視点（＝心）変更を説かれ、励まされました。（もしかして、高度成長の陰の推進者？）

良いもの・すばらしいことはラクして、手に入りません。
努力や忍耐、ときには幸運も必要であるのを大人なら知っています。
（忍耐学びの場が少ない今日、必ず成果のある学習の場でしょう！）

吾子の食やリズムなどの健康や生活を、母の我が手・力で良くできる！
のも、安らぎであり、幸せでしょう。

「我以外、皆我が師なり」とは、作家**吉川英治**の言葉です。

７．「母里ん子ママ・シッター」（２番目ホーム）

子ども好きで、ご自分にもお子があり、専業ママとして母業されたママにこそ、「ママ・シッター」をお願いしたいのです。
愛児による実験・経験・学習済みで、そのお宅には義兄弟までいます。
ケースバイケース的な対応が可能です。
母里ん子して、外遊びもたっぷり・ベストトイで遊ばせ・絵本読みし、

子どものペースで自立を促し、躾られるママは母業力のベストな人材です。（能力的には、年収１千万円もおかしくない？）

どうしてもキャリアウーマンを続けたい人に、安心して依頼できる、ホーム的なママ・シッターがいたら、どんなにかお互いが幸せでしょうか。
子ども達は兄弟のように育ち、預かる時間もゆとりがあります。
話し合いで臨時のお泊まりも可能でしょう。
逆にいつか、依頼者にゆとりができれば、シッターママの子どもを一時預かるのも良いでしょう。

お互いにママの気が合い、評価できるならば、しばらくは時間的なシッターをして、信頼できれば以後、ゴーです。
良き友、と感じられるママであれば、信頼できるでしょう。
但し、ママ・シッターは、母里ん子に同業の助け合える仲間もいます。
困った時に応援し・助け合える仲間が必要で、１人では不可能です。

ただ、育児には限度がありませんし、その心配りも加減がありません。
密室的なホームの行為で、成果を計ることも不可能です。
（母里ん子には他ママの視線があり、密室化防止になります）
せいぜい、お子の笑顔は伸びやかムードです。
ママ・シッターを好いているか、行きたがるかも目安にはなります。

育児体験が少ない人には、理解不可能なハードな気使いがあり過ぎるのが母業です。依頼者が物品販売的に視るならば続かないでしょう。
依頼者の方が甘い汁を吸う立場であることを認識して、せめてペイを惜しまないで下さい。

4. 遊び（＝学び）

責任や時間など、一人の大人を過剰に拘束するのですから、その物理的技術的環境のみならず、好意や心意気にも感謝ができないならば、我が子を託すべきではありません。（お断りされるかも？）
誰だって自立して生きるのですから、不当なペイをさせるならば、ラッキーな結果にはならないでしょう。

依頼者は、愛児も、社会的に認められる仕事も、経済的有利も得るのですから、ペイを充分にすべきです。
本来ならわずか２年間の、最も手のかかる２歳児までは、依頼者の報酬の全額をペイすべきとさえ思います。
（２年分の備えのない人のお子を預かるのは、問題かもしれません）

ミスがつきものの人間ですから、なるべく条件をきちんと調えます。
３歳児になれば少しラクになりますから、２〜30％割り引きとかも？
保険にも入り、まさかに備えるのは当然のこと、価値観の合う良い家族や兄弟が手に入るのなら超お値打ちでしょう。

受け入れ側も、経験や環境が多々整っていても大切なお子ですから、それなりにしなければなりません。我が子に年下の兄弟代わりがやって来るのです。
気の合わない人の子を、収入のために受け入れるのは厳禁です。
決定するまでは、職業や収入をノーコメントにして、感性や人柄を理解しやすくしておくべきかもしれません）

１児を預かれば、最低３年ほど隔てます。
１人だけで終わっても、義弟妹が増えるのならやりがいはありましょう。
10年間でやっと３人ほどは、ほんとうのホームのようです。

小学生までを賑やかな暖かいホームで、代理ママと義兄弟的な仲間と過ごせることは、どんなにか大いなるプラス化でしょう。
このような二番目ホームを切望しています。

くり返しますが、ママが安心して過ごせば、子どもがよーく見えます。どういう状態にいるか、やろうとすることも、しぜんに見えてきます。不思議によくわかりますから、セミナーなんて不要かも？

どうか、心安らかにお子と、幸せな日々を過ごされますように…。
そのために可能な限りの努力をして、若き日のさわやかな思い出ともなりますように。それは、同時に幸せな子孫が続くことでもあるのです。

5. 玩具

1. 玩具
2. 欧米のトイ
3. ベストトイ
4. 素材トイ
5. 手作りトイ
6. ゲーム（≠電動）
7. 遊ばせ方
8. 与え方
9. 絵本・図鑑

１．玩具

おもちゃの漢字の「玩具」は「王の元をなす道具」という意味にとれます。

遊びの道具である玩具・トイでよく遊べば、多くの民を率いる強く賢い文武両道のリーダーの資質が育つ！と、大昔に看破されています。

遊びに導く道具を、日本語の「おもちゃ」を漢字で「玩具」と表現したのも、幼時の遊びの重要性を古人がよく知っていた証です。

「玩具」は幼な子の心の栄養ともいわれます。
ベストトイ（＝著者の造語）のNo.１は「異年齢の子ども仲間」です。変化の多い多様な事象を見せ・楽しいヨと誘い、好奇心を刺激し・意欲をもたせ・自由にトライさせ・自主性や情報や機能が高まり・賢く有能になります。ヒト化の原点でしょう。
（同年齢の集団は、同一的で多様性にやや乏しく、つまりハンデです。ベストトイ？　いえグッドトイでしょう）

自然環境に恵まれて日本は、玩具化できる自然物が手近かに多くあり、もちろん無料でした、半世紀ほど前まで。
美しい四季の花や木の葉、小石が、また小川には小魚やどじょう・ザリガニ・貝類・蛙などの小さな生きものが、また、山々には木の実や樹木、ツタなどがいくらでも手に入り、次から次へと多様な自然物で、戯れました。

それがしだいに、人をおもちゃにして、などと聞くように、無料で手がるに入手できる物は空気や水などと同じように蔑まれ（もしかして母も？）たのでしょう、玩具の重要性も気にされませんでした。
遊びも子どものその場その時の、単なる暇つぶしや気晴らしのように見

られたようです。

毛髪が背負った赤ちゃんの目に入らぬように、頭を手ぬぐいで結んだ子守姿の人形にも見られるように、小さな姉さんがベビーシッターのようで、何時のまにか遊びもトイも蔑まれてしまったようです。

さりながら、江戸時代には170種もの玩具があったそうで、むしろ物のない昔の方が子どもへの愛情は強かったようにも思われます。
多様な和紙などから「折り紙」も創られたのでしょう。
1797年は世界最古らしい折り紙本も出版されたようです。

平面から折鶴など、さまざまに立体化させる折り紙の、4辺の正確性にも驚かされます。今日では人工衛星の太陽エネルギー取得にも役立ち、さらには1細胞に薬品を織り込む手法も研究中とか。

江戸時代にマンガの原点らしい「黄表紙」がかけそば1杯分で買え、子ども向けは「赤本」とか。良寛様がいつも、僧衣の袂(たもと)に「手まり」を持ち歩いて、子どもと戯れていたお話は今も伝えられています。
「ふき戻し（ピロピロ）」という、紙の筒を吹くとピューと伸びて楽しむ玩具は、最近、大人向きの腹式呼吸用にも進化したようです。

2. 欧米の玩具

ヨーロッパでは、ブリューゲルの描く「子供の遊戯」（1560年）には91種類の遊びをする254人の子どもが描かれています。
でもトイは見られず、羊のくるぶしをボールに見立てたり、お家から持ち出したらしいベールが1枚描かれているだけです。

しかし、玩具は見当たらなくとも、当時の親達が子どもの遊びのために「エネルギー・時間・費用を惜しまなかった」といわれます。
また、「子供は遊びを通して訓練されなければならない。そうすること自体が子供の知性の鋭敏さや生来の性格を顕わす」ともされ、さらに何よりも「聖母マリアと幼な子イエスキリスト」の画像が、頻繁に目にされる社会の影響も大きいのでしょう。

現代の欧米では玩具をよく選び、お誕生日とクリスマスの年２回、大人の選択で与えられるようです。

木製玩具のベストトイは欧米からの輸入品が多く、高価です。
ヨーロッパの冬の長く寒い時間を大人も一緒に遊ぶのでしょうか、自ら制作して目がこえるのか、子どもに役立つ知恵の一つとしてか、磨きぬかれています。
長時間労働のない欧州では、きっと大人達も室内遊びに参加して、品質の良いトイが評価されるのでしょう。
遊びは意欲を導き・手作業力をスキルアップさせ・工夫させ・癒し和らげ・成果を見せ・励まし、脳・能力を高めさせます。トイはその道具なのです。

ドイツではトイを高く評価して、30年以上も前から、各地域で毎年グッドトイの審査会があり、不合格のトイは販売されないそうです。
組み木や組み立てる工具風の木製品は、仕組みが分かり、工夫し創作を楽しめます。木質が良いので触れ合う音も快く、飽きません。

汽車や鉄道など大人も欲しがる高級トイがロングセラーを誇るのも、父親の労働時間や各家の地下室には日曜大工室があることなども影響しているのかもしれません。

5．玩具

メーカーは家内工業的で、例えば三代ももつといわれる高価なお人形は、赤ちゃんが生まれたらすぐ予約注文をして、10年余りも待つそうです。
良いものを作り続けられるのは、作り手の姿勢と正しく評価して支える買い手の存在も影響しているのでしょう。
（感性と手仕事で、世界的な評価の高い磁器も、良質なトイで子どもの遊びを充実させることと、どこか関連しているのでしょうか）

アメリカでも同じく30年も前から、幼な子のトイは食品医薬品局で食品や薬品なみに調査します。安全性などに厳しい検査をしてから、販売が許可されます。
世界一トイを多く与えるのは、広いハウスと誘拐の多さによるのでしょうか。コンピューターやソフトが世界一の国ですから、テレビゲームも多く、自分を銃で守る伝統と銃の所持に影響も案じられます。
テレビで遊び方を説明する通信販売も多いようです。

スイスの周囲は全て隣国と地続きで、海はなく、毒物を放棄できません。
それでトイも全てが無毒です。安全なので、赤ちゃんにも安心して遊ばせられます。
美しい色合いで高価な木製品や、清拭しやすく美しいクレヨンなど、素晴らしい物が多々あります。（当然、安価ではない）

フランスでは知育用玩具が多いようで、輸入品を目にします。
イギリスでは科学的な傾向が多いようです。

そしてまた、木製ではありませんが、北欧の自動車メーカーは30年以上も前から、すっきりして丈夫で美しい自動車トイ（トラック）を子ど

も用に作っています。
またがって斜面をすべり降りるのもOK。1歳児さえ押し・走り・嬉々として足腰を鍛え、身体機能を高めます。次世代への愛情が感じられます。

日本では幼くても玩具店に連れて行き、お子に選ばせる与え方です。
頂いたお年玉で、高額な物でも自由にさせたりもします。
お子のお気に入りはすぐ遊び（学び）が終わり、見向きされないのは当然です。「飽きっぽい」の非難は不当です。
（日本製にも素晴らしいトイがありますが、なぜか見つけるとまもなく姿を消すのもしばしばで、とても残念です。また、良い玩具店もかなり減少しました。お家でトイで遊ばないのでしょうか？）

3．ベストトイ

安全で美しく、丁寧に創りあげられたトイは、ベストトイ（著者の造語）と言わねばなりません。魔法の力があります。
なぜか子どもの心を魅惑して・成長に応じた遊びに誘い・発展性があり・何度も飽かせずにトライさせ・長く使用できる物が多いのです。

楽しく集中し・粘り・閃き・考え・努力し・くり返して・成功し・満足します。感性が高く・ストレスを与えないので快く・くり返せるのでしょう。
脳・能力やスキルを育てる幼な子の芸術品です。（大人も楽しい？）

目立たず・評価されずとも、優しく暖かな感性ある才能が時を得て、創り上げた作家による宝物です。一つでも多く、お子の手に渡して頂きたい。

5. 玩具

（電動のものはお薦めできません、手や身体を使い・閃めかせたいから）

お子は充たされ満足して、脳・能力や手の機能が高められ、遊びで自信が育ちます。満足で自己の内面から自己肯定でき、生存能力を高めます。（よく似た類似品とは、大差があります）
ベストトイの価値の理解は、自らの手で育み、幼な子の遊びの重要性を知り、充分に遊ばせないと難しいのかもしれません。

近年、コミュニケーションなどに必要な「ごっこ遊び」であるままごとや、足腰を鍛えられるトラックなどの遊びの減少の現れでしょうか、扱うお店の減少は止まず、あまりにも大きな損失です。
一つでも多く残って、次世代によく遊んで頂きたいと願っています。

良い玩具（グッドトイ）とは次のようなものでしょう。
- シンプル…子どもの想いに応えて、イメージを膨らませます。
- 色や形がよい…ビビットな色は子どもを魅惑し、シンプルで美しい形はあきずにくり返され、感性が豊かになります。
- 丈夫である…壊れると遊びが中断され、失望し、意欲や期待感がそこなわれます。くり返せばレベルアップし、閃きやクリエートに発展します。
- 重さが適度にある…物の存在感を正しく示します。
- 手触りが良い…快感を与え、くり返させます。
- 安全である…言うまでもないでしょう。

一過性のわずか10秒でも集中して満足できれば、1枚の葉も「グッドトイ」です。が、「ベストトイ」とは言えません。
くり返しが大切で、スキルアップさせ、閃き・工夫を誘い、満足させ、年齢に応じて、意欲させます。

モンテッソーリは充分な遊びが、人格をも高めると言っています。

日本製のお薦めは以下の10点で、木製 or 紙製（＝エコ）です。

日本製のお薦め玩具　　　　　　　　　　　　　　　　　（表7）

名　前	ガイド〔メーカー〕
①知夢の輪（0.7歳～）	音も楽しい木製の玉つなぎの輪、形遊びや電車ごっこにも OK　〔①虹の森〕
②ケルン・ブロック（0.7歳～）	体積の面白さ・分数理解も OK
ケルン・モザイク（2歳～）	各種の正確な三角形の木片が楽しく、パズル化も OK　〔②童具館〕
③うさぎ（木製パズル）	木製の重さ・触感も良く、可愛い兎の両面の使用可　〔③大原荘〕
④バードゲーム（1歳～）	正確で美しい絵、初めは1枚 or1組だけ見るだけでも OK
野菜カード（1歳～）	〃
どうぶつえあわせ（1歳～）	初めは1組〔3枚〕からでも OK
ことわざ漢字カルタ丸（5歳～）	不明でも楽しい謎的な丸カード　〔④奥田かるた店〕
⑤おもいで積み木（1歳～）	木の質感、重さなどの手触りが最良　〔⑤ワーク・シナプス〕
⑥音積み木（1歳～）	各音が1音ずつ離れるので、初めは3和音でも楽しい。とても美しい音色の楽器です　〔⑥マリーナ楽器ショップ〕

（※外国製品は許可などの手続きに無知で、ご紹介を控えます）

4．素材トイ

無能な子どもを即、遊ばせてくれるのは自然物の素材トイです。
無条件で自由感を与え、無能感を感じさせない素晴らしいトイです。

5．玩具

1）第1は「水」です
「水」こそベストトイ！　とても喜びます。
手を差し出すだけでも、どのようにも応えてくれ、誰にでも可能で、飽かずに続けられます。

0歳でも、入浴時にはカップを浮かべたり、流水を受けたりします。
それらを組み合わせたり、紙パックの底に穴を開けたり、増やしたりなど、いくらでも楽しみます。
洗面所も大好きです。3歳児がお掃除の筈なのに、遊びになったりします。台を備えて乗ってやりよくさせて、どんどんやらせましょう、1〜2年間のことですから。

無駄遣いであればもったいないですが、幼な子の水遊びはムダではありません。「水」の多様な変化を、我が手で生じせしめるダイナミックな楽しさを実感させ、飽かずに快く続けられるベストトイなのです。
生き（てい）るのは楽しいと実感させる大切な遊びです。
（節水すべくはして、お子には充分与えてやりましょう。干ばつでなければ！）

夏ならば、キュウリやキャベツの洗い遊びもさせます。
（水遊びのつもりで、その後に頂くのも楽しいです）
洗い終えたら、ザルに入れ、ふきんをかけるなど、少しずつ、ほんとうのなすべきことに導きます。サラダ作りの前段階でしょうか。

次には、自分の使った食器の一つも洗わせます。（始めは洗剤の1本分は使うかも？）レベルアップすれば、増やし、お鍋などもどうぞ。
或いはお米をとがせたりして、水分量を教え、やがてご飯作りもOK。
お豆や茸を入れ替えて、炊き込みご飯にすれば、いくらでも喜んでトラ

イします。
卵の殻を剥かせたり、割れるなら、スクランブルエッグ作りへ。
やれたネと励まし、美味しいネと笑顔でいただきましょう。

下手でも、こぼしても叱らないで下さい。（ミス×はありえない！）
一緒に後始末のやり方を教えます。もちろん、指導されても、即、完璧にはできません。

「アラ、こぼれたネ！」と事実を言いながら、一緒に拭けば良いのです。
（体験が増やせる！　と内心で喜びましょう）
小さな手に合う雑巾を持たせ、ママといっしょに拭いたり、後始末をやらせます。

くり返せば、やがて、後始末も上手になり、ぞうきんもゆすぎ、しぼって干せます。急がずに少しずつ、やらせなければ、やれません！
（もちろん事前に敷物など、少しばかりの準備もしましょう）

安全にはよく留意して下さい。
好奇心が強く、学習能力が高いので、すぐやれます。マネ上手ですが、状況認識や判断は×＆×！
頭が重いので、まさかと思うような１歳児でも、お風呂どころか、洗濯機や洗面所でさえ危険です。
びっくりして、頭を上げない！ので、10cmの水さえご用心です。
（水で亡くなるお子は年に50人以上とか）

２）「砂・土」も、自由に応じてくれる素材です。
未熟な手でも、掘ったり・固めたり・まき散らしていろいろに遊びます。目に入れば、すぐ手当して、指導します。

5．玩具

清潔好きなママが触れさせないと、或いはわずかな汚れに過剰反応すると、**砂場**に足を降ろせないお子になります。
ハダシの砂の感覚も快いのに。

雨上がりに道ばたの**水たまり**を見つけて、嬉しそうに必ず足を踏み入れ、バチャバチャと跳ね返りを楽しむ様は、只々感動します。
キラキラと目を輝かせて、水たまりを見れば素早く足を入れるのです。
（前向き！です）

足裏で砂や土の感覚に触れるのは、数百万年馴染んだ感性に安らぐことです。土には数え切れない多くのバクテリアがいます。（1ｇに1億以上とも）大飢饉のときには、土をも食べたほどです。

「**泥んこ**」にも挑戦させます。勿論ハダシで。砂とも水とも、粘土とも違う重みのある感覚です。ぐちゃっと足ごたえがあり、どこか破壊的な気分になるようで、泥まみれでなぜか嬉しげです。
野生の豚は罹病には、転がって泥まみれになって治すそうです。

３）「粘土」（食材を使った）
立体化も可能な、自由になる素材です。優しい肌触りと色合いで癒やされます。なるべく食材で作ってやり、形作りを急かしません。
我が手がうみだす形の変形をまざまざと確認できるのを喜び、1歳児でもくり返し、ちぎり重ねては、30分余も楽しみます。

おだんごやヘビばっかりでも、大小や形などの差をつけ、模様も加えます。感性や自由感・イメージや閃き・指の機能もアップします。
踏んでもOK、やがて4歳児がビニール袋をかぶせて踏む…などします。

小さい子が味見したりしますが、ママの食材使用の手作りは安全です。必ず手を洗ってから使わせ、夏場はそれを冷蔵庫で保管し、3～4回ほどの使用で終わります。

4）花や木の実・枝なども
公園の長い列で溢れた花を1～2輪摘むことは、お見逃し下さい。
枯れ枝を拾い、当たらない振りまわしも、お見逃し下さい。
（美しさに惹かれる感性や、見つけて閃き楽しむなどで、未来のイノベーション化の芽が生まれるかもしれないのです）

5．手作りトイ

1人でマイペースで、或いはママや友達と自由に手作りするのも、子どもには嬉しいものです。3歳頃から、お手製トイも喜びます。
5歳では手足だけの人形に着せ、不用な箱をベッドに、或いは段ボールで家を作ったりします。
空いたカップ・ケース・包装紙・筒や紐・かまぼこ板なども捨てないで、もう1度制作に活用しましょう。

仕上がりの良さとは関係なく、自作を喜び大事にします。やがてハイレベルな技を見出し、思いがけないものを創り出すなどして楽しみます。「出来たネ」と認めて喜び、しばらく飾ったりします。

4・5歳頃には空き箱・木っ端や布・廃材や段ボールなどで、自由にイメージさせ工夫させます。道具の刃物は大人が手助けします。
ハサミは2歳頃から与えますが、多くのミスがつきものです。厳しく叱るとコリゴリして、暫くはトライしなくなります。
(好奇心で髪や洋服を切っても、機能をよく理解したのですから、以後のくり返しをキツすぎないように禁じましょう)

持つには必ず刃先を閉じ・上からかぶせ持ちして、指入れ部分を他に向かせます。危険防止で厳守です。
切ることは集中ですし、形をよく認識しますが、切断後の復元は不可能も分かります。両手を使い、材質によく触れ、脳を刺激します。

6．ゲーム（≠電動）

「ゲーム遊び」は2人以上の、ルール厳守のコミュニケーションの遊びです。「運」にも左右され、不条理を知り、努力だけでは結果がえられない遊びです。負ける悲しさや悔しさがあります。
集中し・記憶し・考え・粘り・決断など、脳はフルに活性化します。

ルールがあり、1～2歳ではムリですし、すぐアキますが、なるべくなら、ママといっしょに、などと仲間入りをさせてやりましょう。
ルールや順番を待つなど秩序を守ります。

さらに損得の計算や駆け引き、決断や運の不可思議も学びます。

負けて、くやし泣きしたり、スネたりします。
意欲や成功願望などのプラス性によるのですから、否定や非難はしません。「今度は頑張ってね」と慰めても、泣きつづけるのなら、放っておきましょう。

日本で開発されたオセロは将棋・囲碁と同じく、成人も楽しめます。
幼くても、高い記憶力ですから、少し見学させて、仲間入り後にはおまけのサービスもしてやります。
が、負けて口惜し泣きには、少し慰めて、後は知らんぷりします。
やがて、大人が負けます。
囲碁に将棋までもついにコンピューターに負けましたが、人智が生み出した高度な遊びにも親しませましょう。

近年の日本でも、かるたなどのカードに良いものが増えて、格言や漢字などをナゾナゾや絵解きにした丸カードなど、文化的にも親しめます。
野菜や鳥などのカードも正確で美しい物があり、毎年１種類づつ増やして、４〜５種類もあれば、長くくり返して楽しめます。
「百人一首」は就学後からをお薦めします。

定番のゲーム遊びも楽しみましょう。
　・オセロ、将棋、囲碁、ダイヤモンドゲームなど
　・かるた、図鑑的なカード、俳句や漢字や熟語遊びのカードなど
　・トランプ、「UNO」、「キャロム」、「闘球盤」など

※「電動トイ」
幼な子には電動玩具・TVゲーム・スマホなどは避けたい。
ボタンを押せば電池で勝手に動く（＝バーチャル的）トイは、高学年からどうぞ。

5．玩具

ボタン１押しで OK の機械的トイは、多様なホンモノ的な表現の美しさも少なく、ゲームの画面は単一な人工調で、身体もあまり動かしません。

ラクで・受け入れることが多く・工夫させにくく・すぐ反応して思い通りになり・コミュニケーションも不可で・学びやスキルアップにはなりにくい。
（無能なのに、有能なイメージ化が育ち易く、万能感的な錯覚意識は、待てず・キレやすくなりかねない）

特に争いのゲームは、常に相手が絶対悪！で、消滅させるべく問答無用な応対です。勝つ喜びと興奮で、話し合いや共感できないなどと、幼時には不向きです。

※ビル・ゲイツ氏、スティーブ・ジョブズ氏も、ご自分のお子にはスマホを初めとするデジタル機器を持たせず、使用も制限したといわれます。（「ゲーム障害」が WHO でも問題視されています）

学習の成果が上がらない・前頭前野に悪影響があるなどと、０歳児からの使用には特に大きな不安があります。
幼な子には具体的なアナログの実体験が望ましく、成長後にデジタルな物の使用で充分良いでしょう。（AI や技術の進化は凄まじいですから、急いで与えなくても大丈夫）

川島隆太・医学博士は度々警鐘を鳴らされ、著書を多々著わされています。また、森昭雄・医学博士は2002年に、『ゲーム脳の恐怖』で、ゲーム中毒は幼児期に形成され、ゲーム中の脳波は認知症と同じと警告されました。

年齢によるトイ選びの目やすは以下です。
（4歳までは多様な多くのトイが必要です、お分かりでしょう？）

年齢によるトイ選びの目やす　　　　　　　　　　　　（表8）

年齢の目やす	ポイント・トイ
0～2歳	感覚運動（基礎的運動機能と知覚機能）機能の面白さを追求する
2～11歳	想像力による象徴遊び 　　　　　　　　　　ex ままごと、怪獣になる…
4～11歳	社会性を伴う規則遊び 　　　　　　　　　　ex 野球、ゲーム…

7．遊ばせ方

初めて見るトイでも、子どもなら誰でもしぜんに上手く遊ぶ、と大人は思うようです。でも、全く知らないものを急に楽しめと与えられても、すぐに上手く遊ぶことは難しいのです。
（知らないことは、子どももやれません！）

子どもの興味とトイのレベルが一致しているかどうかということは、外から見て簡単にはわかりません。
下の子は上の子がやって見せていますから、興味があればしっかりと視ますし、遊び方も学べますから、トイや遊びに関しては恵まれています。
兄弟が少ないと、遊びを知るチャンスが少ないので、大人がさりげなくやって見せ（楽しめばもっと良い）ることが必要です。

例えば、ボールをただ転がしてそれを追うだけで良いのなら、放っておいてもかまいません。
しかし、当てることを多様にやって見せたり、共にやりとりの応対をし

てやれば楽しさが増して、次なる機能のレベルアップも容易です。
(始めは手で受け取りさせ、足蹴りは後からにします)

ボールはしばらくは、つかみやすいソフトなものを一つで OK。
やがてサイズの大小のものも必要になり、遊び方も変わります。
初めは受けるのが怖いので、蹴りたがります。でも、近くから柔らかいボールで受けさせ、次第に距離をとります。
(蹴るのは、受け止めを恐れず、上手になってからにします)

音積み木
なぜか、どの音もハーモニーが美しく、バラバラにやれるので、幼な子向きですが、本来は88鍵の大人用です。
ピースが数多くあるものは、一度に全部を見せも与えもしません。

例えば、１音づつバラバラに離れる音積木という木琴では、１度に１オクターブを与えません。ド・ミ・ソの３音だけ与え、他はしまっておきます。
そして、ママが楽し気にゆっくりと１〜２回やったりします。
子どもは知らんぷりしていても、必ず見・聞くでしょうし、後からさっと近寄って来て、トライするでしょう。

３〜４週後に、ド・ファ・ラに変えましょう。それからシ・レ・ソにも。
やがてド〜ラにして、ママは「海」・「チューリップ」・「蝶々」などを唄いながら、やがて「かえるのうた」や「キラキラ星」なども演奏しましょう。

マネて、失敗しても、すぐ指導しなくても、かまいません。

一緒にトライするのも良いでしょうし、ママの楽しげな演奏を聞かせつづけたり、歌うのも良い。
大人がゆっくりとやって見せ聞かせれば、やがてやれるようになります。少しずつ、ついに自分でやれると、大喜びして好きになり、自信になります。

やれなかったことを我慢強くくり返し、やっと成功した時、自分の手を思い通りに動かせた時こそ、お子は最高に喜び、ママに知らせて喜びを共にしてもらいたがります。

その時こそ、目を合わせて、「できたネ！」・「やれたネ！」と、笑顔で共に喜びます。子どもの心は天にも昇るほどでしょう。
（褒め言葉を使うのは、必要な使うべき時のみにします。ママが嬉しくて褒めたいのは控えます。過剰にはスグ慣れて鈍くなるから）

楽しくて一人で何度も何度もくり返えすなら、その時間をできるだけ長く、そっと大切にします。
少しずつ、時間をかけてゆっくり、成功しやすいように与えます。
（一度に全部の音を見せると、好奇心で全てに触れたがり、それでもう、集中力がなくなり、トライに進めません。混乱して、ハイ・オシマイ！もう、見向きもしなくなります。ウンザリしたから…）

初めに楽しくナイと思い込めば、ずっとキラって、触れさえしません。
楽しくないと思い込む（学習！）からです。

新しいトイがやれると喜んで全部にトライし、いっきに熱中します。
が、やり過ぎて・飽きてしまい、その遊びを以後、充分に楽しめないこともあります。

「らく」にすぐやれるなら、2～3回は喜んで遊びますが、それでもう終わりになりやすいのです。飽き性ではありません。即、学習したのです！

お子はいつだって、ちょっぴり難しいことをやりたいのです。
頑張って成功したいのです、ひとり自分の力で！
(そのようにいつも準備してやれるのは、ママが最も上手でしょう)

初めてのトイには親が楽しんで、さりげなくやって（見せ）、さっさと片付ける、という入力が望まれます。(「どうぞやって」は、しない)
見ていてネと願うのさえ、どこか押しつけがましいので好ましくないほど、子どもの心は敏感です。ママがほんとうに楽しめたら、最高です。

8．与え方

3歳頃までは、なるべく1種類で遊びます。
汽車ごっこの駅のために積木をプラスしたりするのは、一つの遊びになります。
同時に2種のトイを新しく与えては、気が散りやすく、遊びが充実しにくいのです。種類が多ければ良いのではありません。

充分に遊びつくさないうちに（知り尽くさないで）、次から次へと浅い遊びで終わらせたくないのです。(モンテッソーリの感覚遊具のように、その特性を充分に満足させたい)
そのトイを楽しんでいるのなら、2ヵ月でも3ヵ月でも次のトイを与えなくてもかまわないのです。

ベストトイはくり返して遊び続けやすいですが、時には間を置き、休み

ます。
すぐ飽きるからとか、より賢くしたくて、実年齢よりもはるかに高い年齢用のトイを与えるのは楽しみにくく、遊びになりにくいでしょう。
ムリがあれば、やれない・下手という劣等感を抱かせ、キライにさせる恐れさえあります。

幼な子には、自己責任の躾的な**「片づけ」**を喧しく求めないで下さい。
お子の遊び中でも、無使用的なトイはさりげなく大人がせっせと片づけます。（すっきりすると、又々！ 出したり？）

次のトイを出しそうと感じたら、遊び終わったかのような手元のトイを手渡して「置いて、持っていらっしゃい」と入れ替えさせるのも、つまり、片づけさせる癖をつけるのも一つのやり方です。絵本には有効です。
いつもさっぱりしたスペースで気持ちよく遊べば、やがてそれも習慣化するでしょう。

ですから、トイをおもちゃ箱やバスケットにドサッと全部を入れません。キャスターつきの本棚のような棚に並べます。
やりたい遊びが即、やれるように。

トイを探していれば、気が変わったりしてしまうかも？
最も遊んでもらいたいトイを、最も見やすい場所に置きたい？
暫く使わないようなトイはしまっておきます。「少し、しまっておくから、またね」と3歳以後のお子にはお断りします。
3～6ヵ月後頃にまた出してやります。

幼な子のおもちゃ屋さんに同行は、刺激が多すぎます。

5．玩具

大人でさえ迷いますから、小さい子が自分で自分のレベルに合うものを選ぶことも困難です。
長々と迷って困っても選べず、急かされて帰る頃には泣いている子を見かけたりします。さぞ、期待して胸を膨らませて訪れたでしょうに。

事前にママの手で用意しておいてやり、必要と判断した時に与えるのが望ましいのです。
雨や寒さで室内遊びが増えるとか、ママに遊び相手の時間があるなどといつでも充分に遊ばせる対応も可能です。（絵本も同じです）

9．絵本・図鑑

絵本もお子にはとても大切で必要なトイです。
絵本の絵は、春のタンポポと同じく、お子には美であり・魅惑的で・くり返しの楽しさは感性と観察力を育てます。
多様（過ぎない）な表現が、豊かな知的感性を誘います。（大人が美術館に行くことと同じでしょう！）

文も絵も、作家の個性の表現が多様な変化を伝え知らせて、お子には楽しさ一杯です。ゆったりとくり返せば、感性や思考・イメージ・言葉の質も高められ、暗唱も容易です。

いわゆる絵本の良書は多々あり、ママのお好みの選択でOKです。（「トイ」ほどの大差はないように思われます）
多く与えれば良いのではなく、じっくりとその楽しさ・美しさやテーマを内的に吸収させるのが、効率的でしょう。

図鑑は素晴らしい物が増え、大人でも充分に楽しめます。

でも衣服と同じく、成長に合わせて、簡単な名称のガイド的なもの→大人も楽しめる高度なものと、その中間の３種類ほどは与えたいです。

初めの１～２歳頃には、単純に物の形が少し羅列されて、形と名称が一致するだけで OK です。（ママの手作りでも良いでしょう）
小学３年生頃から、見応えのある物にしましょう。知るのを楽しみますが、やや丸呑み的な暗記です。「子どもの科学」などもよいでしょう。
やがて、より正確で緻密な探求型になります。ここから自育します。

１）絵本選び（好きで、読書好きになるのを願って）
①好きになる？
０歳児の頃から、ママ（やパパ）の読書シーンを見慣れさせましょう。
お子の「読んで」には必ず応え、「後で」の約束は必ず守ります。

②分かりやすいもの
初めは目も耳も未熟です。ごちゃごちゃした絵やハッキリしない言葉の物は不向きでしょう。

③偏らせない
大好きでも同じシリーズは３冊程度までにしましょう。
お子の好きなものばっかりの偏向的？　なら、バランスのために、反対的な本をママが「好き」として、ママがまず楽しんで見ます（演技 OK です）。お子もちょろっと覗き、妥協？し、やがて興味を持つかも。

④同じ絵本を何度も
くり返せば、知っていると楽しみやすく、偏向とは違い、充分味わいます。
言い回しやリズムにどこか惹かれて、よく楽しめば、暗唱もできたりし

ます。(やがて忘れますが、脳力アップは事実です)

⑤マンガチックな
ステキなマンガもあります。絵も文も単調的になりがちで、やはり多過ぎないようにします。
「キャラクター」ものは一目でわかり、1歳児でもすぐわかるので喜びます。たしかに「知っている！」のは楽しそうですが、そればっかりですぐ分かるが続けば、おざなり見になり、よく見ず・観察下手・好奇心は育ちにくくなります。

(幼な子の「知っている！」との笑顔は、ホントに大人を嬉しく明るくさせます。でも、大人の為に幼な子を利用するようなことになりかねないように、留意すべきでしょう)

⑥マイペース
自己流読みもイメージアップや、言葉のクリエートで、とても良い。
「楽しい！　もう一度やって」とくり返させ、能力を高めさせます。

(同じでなくてもOK、2回目がかなり違ってもOK！
絵本読みではなく「創り唄」も、言葉やメロデイ・リズムを考えるから、脳に良い。我流のハチャメチャ流を「楽しいから、もう1度アンコール」などして、多くやらせましょう)

⑦年齢基準にこだわらない
お子によっては、3歳でも2年生向きを楽しみ、30分以上も耳を傾けることもあります。余り気にしないでも、ママの良い（好き）判断でOKです。
(『世界一大きな絵本』(ドイツの絵本作家ミットグッチ著)は、絵だけ

ですが、1歳児からでもくり返し楽しめます）

⑧くり返し
幼な子がお気に入りをくり返し（5～10回以上も？）て「読んで…」を希望すれば、ママはうんざりでしょう。
でも、頑張ってOKして下さい。

ママのお膝で・声で・リズミカルな、すでに知っている言葉などへの喜びゆえです。でも、3カ月も続かないでしょう。
（きっと懐かしい思い出になるでしょう。
ママの声が最高、と世界的な指揮者も言われます）

お気に入りの絵本を手放せず、お風呂にも持参で×されて大泣きしたりしますが、その素晴らしい感性をしっかり、お子の力にさせましょう。

絵本選び（まとめ）　　　　　　　　　　　　　　（表9）

a．	美的な感性に触れる
b．	個人的な思い・他人的な思いや関係・マナーに触れる
c．	言葉・文章・多様な表現に触れる
d．	因果関係を知る
e．	ファンタジーを感じ、イメージする
f．	知識や興味が増える
g．	読書好きになり、学力がアップする
h．	ママからの安らぎ、信頼でき、自己肯定感になる

※「マンガ」
マンガ調の絵本も、絵がすっきりして、わかりやすい良さがあります。お子が喜んでも、単調な偏りの危険性もありますから、多すぎないようにします。

5．玩具

年長児では、よく分らなくても「日本の歴史」や、その後の「世界の歴史」をも、楽しむ場合もあります。完璧な理解は後回しにして、絵を楽しむだけでもOKです。
文章での正確な理解のまえに、遊び的にみて楽しめるので、歴史理解にも役立つでしょう。
（私達には歴史は避けられない事実として、学習は必習ですから）

「恐竜」などの図鑑も喜ばれるようですが、求めに応じて多すぎて、偏らせないようにします。
偏っても良い…そのまえに、多様性に触れ、好奇心が育ち、追究を楽しめるなどの、基礎能力を育てることが大切でしょう。

２）バーチャル性
留意すべきは「バーチャル性」です、事実ではナイ！
図鑑も事実を知らせていますが、半バーチャルでしょう。
絵本のバーチャルと知への誘導を楽しみ、でも事実とは違うこともよく知らせるために、具体物での遊びが必要です。
静かに楽しみ、本好きだからOKではないのです。

現代のデジタル化はあまりにも凄まじく、驚く前に私たちはバーチャル多々な世界で生きています。（お子は誕生と同時に？）
しかし成人までのアナログ世界こそが事実であり、その実感がベーシックな前提であり、感性が歪まない生存になり、生きてこられました！
早過ぎるバーチャル多々は、実感不足で・事実が不確かになりかねず・生存感を揺るがす可能性も考えられます。
幼時にはまず、体験の事実・実感が必要不可欠です。
いつのまにか、お子は賢く察知してくれますが、絵本多過ぎの生活は、好ましく思えません。

169

独りで楽しみ・他と関わらずに・気遣い無用で・受け入れ多々で・ラクで楽しく・マイペースになりかねないのです。大人しい良い子視は間違いでしょう。

一度に２〜３冊の購入を、お子が希望されてもやめるべきでしょう。
可能な限り、屋外の多々な事実を見・感じ、触れ・実感させて、事実をキャッチさせます。
（「ばっかり」でも良いのは、基礎学習終了の大人です）

慎重に…
　慎重に…

6. 家庭内育児

1. ママの重責
2. 1日のスケジュール
3. 家事（生活自立と忍耐育て）
4. ホーム（≠ハウス）
5. 塾

1．ママの重責

お誕生は、赤ちゃんにしてみれば、突然月面に置かれたようなものでしょうか？（大人は知っている地球上でのことですが）

ママのいるホームこそは安らぎです！　自由で・ゆったりと呼吸できます。幼な子の人生の出発点であり、初めの学び舎です。
日々刻々と認識やスキルのアップで、無知無能の不安や悲しみを忘れながら、共感と実在感で成長します。

ママ先生の愛と導き（と、忍耐！）で、成長に合わせてスロー＆スロー（せざるをえない）しながら、体験を重ねて、急ピッチ！で成長して、人間化できる場です。

今や思い通りにならないのが不思議？なほどに、衣食住に不足はなく、お子の願いも容易に叶えられます。
願いがスムーズに叶うのは喜びですが、全てOKなんてありえません。いえ成長に従って、願いは叶わず、諦めや忍耐が多々必要です。

何かにつけて、否定や×がいつもあり、避けられません。
人生に必要不可欠な忍耐の資質化は、躾けでもあり、ホームでママがトレーニングするしか、チャンスがない。

（他人の幼な子にイヤがられ・嫌われることを押しつけ・躾けてくれる人はいませんし、今日の社会に支援はまずありません。いえ、ときにはママの邪魔さえするでしょう。泣くわけも知らず、ママが泣かせて悪いなどと一方的に！非難したり…）

6．家庭内育児

お子が大キライな自立習慣化や担当家事など「同じこと！」を強制して、続けさせて、継続の必要性や忍耐を、義務を躾けられるのはママ！
ご家庭での第１の大切なお仕事です。
外ではチャンスが少なく、知らない人の迷惑気な視線がつき刺さり、やりにくい。
「安らぎ」は前向きで互いに好ましいのでやり良いのですが、同じ最上の愛ゆえの義務でも、忍耐育てはやりにくく、辛くもあります。
ママにはやり辛い強制や否定が必要ですし、お子もイヤで懸命に抵抗し、泣き喚き、ママを全力で憎悪さえします。一時ですが。

互いに不快で、避けられるものなら止め…るわけにはいきません！
ママにしかやれない、大切な生存力アップのトレーニングです。
大好きなママの強制に、スキあらばやらずにすまそう、と抵抗しながらも、渋々やらされて、何時のまにかスラスラです。

「やれば！」ママは大げさに「ホメます」。
翌日、また同じことのくり返しです、ママにこそ忍耐でしょう！
でも、やれると褒められ、やがてスラスラ・さっさ、で逞しくしたたかに、有能になります。

『手づくり家庭教育』 というモーアご夫妻の著書があります。
アメリカ合衆国で20年間もの教育省顧問をされ、来日もされました。
広大な一神教の国ですから、少異はありますが、お子の同年齢集団参加よりも、親の方が多々お子には良く役に立つと主張されました。
各州で訴えられた裁判では、それらの子ども達は社会性や学力などの全てに優れていると、勝訴されました。家庭や親を重視されています。
以下…

「家族」＝かけがえのない存在
　　　　　　　　　→帰属意識・共存感・他助精神・自立…
「親」＝鋭い本能的な直感・確かな継続性・ホンモノの親密さ・暖かみ
　　のある応答・深い安心感・ムリのナイ管理…
「正しい自尊心は仲間に価値観を依存しない」
　・愛他心は積極的な社会性になり
　　→より幸福で・順応性があり・思いやり深く・有能…と！

２．１日のスケジュール

幼育の日々はとても早いのですが、時間は同じです、成果をとりましょう。１日のスケジュール化は不可能ですが、とりあえずは毎日を有効に過ごすためには、以下の４点の意識（≠時間）をお薦めします。
　①屋外あそび
　②手あそび
　③絵本
　④コミュニケーション

全てをコミュニケーションとして、①〜③の意識でも OK です。
かかわる時間の長さは状況により、変わって当然です。
雨天続き後の屋外遊びは、１日中でも OK！
落陽の早い秋には長々と、絵本を何冊も楽しみ、たくさんのお話や手あそびも良く、いつも同一的にやるのは合わない・やれません。

１）屋外あそび
血行を良くし、社会現象や四季も楽しめ、ストレスも解消できます。
お子には食事に準じて必要な「義務・お仕事」でしょう。
毎日、雨天でもお出かけ下さい。おんぶやカッパと雨靴、やがては傘に

当たる雨風さえも楽しい。
水たまりはラッキー！　嬉し気に泥んこに踏み入れます。
（他の幼な子の遊ぶ公園探しも、ママのお仕事でしょう）

２）手あそび

折り紙や描く・切る…などはマイペースで多様ですから、自主的にやりますが、躾（＝生活自立）や家事の分担も手あそびです。
マイペースなエゴイストちゃんは、家事などの義務の同一性・単調さは分かり過ぎてウンザリ・イヤイヤです。嘘泣きし・哀れっぽい目などの演技で、懸命に抵抗します。（５分でやれるのに…30分余も抵抗する！）
ママは押しつけ・非難もしてやらせますが、がんと動かず・やらないことも。（ママの愛を信じきれる…からの自己主張で、良いこと）

「ママがやるから、もう良い！　○△ちゃんバツ！」と始めれば「やる〜〜」。やらせて OK ですが、間に合わないなら、ママの無視で続けます、泣かせても OK！（放っておく・無視 OK！）

このように日常茶飯事の、ママとお子のバトル開始です。
ママこそウンザリで、やらせたくないでしょうが、ママにしかやれない・お子の人生へも最大プレゼントです。
ママが決めたお仕事の「家事の義務化」（→有能！）だけが、「忍耐トレーニング」とも言えます。

お子は慣れた「ウソ泣き」を上手にやりながら、しっかり「親・大人」するママを、強い・頼りになる・安心だと内心ホッと嬉しいので、また！　くり返します。
お子に従う優しい？（ホントは面倒だから？）ママには、その場は嬉しそうで穏やかでも、お子の心には安らぎはない！

（幼な子はいつも、つい「確かめ」て、しまうようです。
不快なバトルも避けずに、耐えて自分に向き合ってくれるホンモノの愛があるのか？と。未熟な数年間限定のようですが…）

やがて、多様なホーム維持も知って、手早く家事もやれるようになります。（きっといつか、海外留学でも就職にでも、困らないでしょう）
ママの復職後も、帰宅が遅ければ、洗濯物は納められ・夕飯もどうぞ！
（「ママ！　お疲れ様」とか）

手あそびも、絶対！にやらねばなりませんが、お子の能力以上を焦らないように、急がないで下さい。
やりたがればやらせ、イヤがるならやらせないのは、気晴らしの遊びです。お薦めできません。「必要なら従う」のトレーニングもできません。

お子の家事やクッキングは、ママの手慣れたお仕事とは違い、「お邪魔」で迷惑は当然です、「あそび！」をされるのですから。
やれないのに、見れば！やれると思い込み、やれないの怒り・すねて・ひっくりかえって泣きわめくのは２歳児です。
やがてマネて・トライして・やれる…と、もうそのことには見向きもしなくなります。

でも、能力や年齢などを考慮して決めたいくつかの「お仕事」は「義務・家事」化させ、イヤがってもガンバッテ押しつけ、やらせます。
（包丁は年長以後、汁ものは就学後にします、危険ですから）

3）コミュニケーション（＝社会生存能力）
ママとお子のコミュニケーションには、多くの肯定と少しの必要な否定でしょう。

6．家庭内育児

起床時・挨拶・食事・会話、就寝時には笑顔でしっかり目を合わせます。朝・晩はキツいくらい暫(しばら)く「大好き！」と言いながら抱きしめます。

会話やお話だけがコミュニケーションではありません。
笑顔・目を合わせる・抱きしめる・肌に触れる・一緒に唄う・遊ぶ…などで、共感や共存感が得られます。
おんぶ（「大きくなって、重いからもうお終い」）や、「なぞなぞ・しり取り」や、ちょっと触れ・くすぐるなどもします。

いつも、お子の求めに応じて遊び相手にならなくてもよい！
基本は**「自分で遊べ」**です。
１人っ子なら少し応じて、頃合いを見て、「ちょっとママ、○○してくるね」とはずし、次第に時間を長くして、１人遊びに誘導します。

毎朝の起床時や就寝時の「抱きしめ・大好き」はママの義務です。
こうしたくり返しで、自分を大切にされている・大切な自分と実感し、やがて潜在意識下にも入るでしょう。
いつかきっと、苦しい時にも、自分を守り抜けるでしょう。

４）絵本（＝コミュニケーション？）
絵本好きなら、やがて読書も好み、学力や教養を高められ、とても役に立ちます。が、幼な子にはそれらは後まわしにしましょう。
大好きなママの暖かいお膝で、胎内から馴染んだ声を耳にするだけで、さぞ安らぐでしょう。

（就寝時の絵本読みには疑問です。かえって興奮させ、目ぱっちりしてしまいそうです。ゆっくりとお話の方が良いように思います。１日を振

りかえれば、楽しさやお詫びなど多々…で話題に事欠かず、コミュニケーションしながら、ママの声に・唄に安らいで眠ります）

好きな絵本のさまざまな絵や言葉・リズムで感性を高め、言葉を楽しみ、肯定し・深められ・多様な「もの・こと」が分かります。
お気に入りのくり返しで「知っている！」と自身の賢さ？　を確認できて、嬉しいでしょう。ホームでこそ、好き勝手で楽しいのです。

文字や記憶などは、ゆっくりとお子のペースで充分でしょう。
ドイツの思想家シュタイナーの教育学には、忘れてよく、その後から始まる！と述べているそうです。
早ければよいとか、押しつけたい心は伝わり、ほんものの喜びから遠くなってしまうようです。ムリにやるのは、ホントウではなく、排除したくて、永続しにくいでしょう。

いつのまにか、自分で読めるお子もいます。それでも、求められなくてもママから声をかけて読み聞かせます、就学後でも暫くつづけます。
（安らぎとコミュニケーションです）
残り少ない時間の共有を惜しみましょう。

（読み聞かせが文字や言葉の指導なら、お薦めしません。記憶させたい押しつけは学習ムードで、全然楽しくない！
人生の一時を共に楽しんだ思い出こそ、人生の大切な宝です）

３．家事（生活自立と忍耐育て）

ママとの時間は安らぎです、認識や記憶・集中力などの脳・能力を高めます。お子の×にはしっかり×し、×が分かるのも安らぎです。

6．家庭内育児

愛を信じて「安らいで」いれば、自己否定の誤解をしません。
おびえず、顔色伺いせず、エネルギー多々で、自由に、自育します。

（退屈で「叱られる」ことを思い付けば、あえて×をすることもあります。とりあえずは叱られ・バツされ・泣きもしますが、心中ではにこやかに「予定通り！」で、退屈しのぎ…に満足します。だからまた！「悪い子ちゃん」をくり返します）

なすべきトライは「反遊び」、つまり「躾・家事」の自立です。
ママの「さりげない」式で、ミスっても良い（ホントは良くない？）風にやらせます。
何でも「やりたい！」の意欲満々の幼時は、トライもママ次第です。
（トライしたがらないのは、それまでの「押しつけ・ミス」の不快多々？ママの「焦り」をストレートに出し過ぎたかも？）

初めてのトライが大人並みにスムーズは、アリエマセン！
キチンと！　なんて不可能の、ド下手・ミス魔をよく承知して、やらせて能力アップ！させることこそ、ママのお仕事・愛情・義務・責任です。

１工程を分化して、「エラーレス」を心し、少しずつです。
１度目がやれたら笑顔で、「やれた！」と少し褒めます。
すぐに２度３度やらせて、「早くやれたネ！（２回め）」「もう１度だけやって（３回め）」と見・留めて、以後はミスっても放置でよいのです。

（偶発的なことのミスなら、ミスの学習になり、対応を知らせますが、内心で歓迎しましょう。
スキルアップをめざすことなら、ミスをなるべく避けて**「エラーレス」**

を心がけます。お子もミスを喜べず、不快のくり返しはきらいます。くり返さなければ、スキルアップしませんものネ）

「やったこと」は具現化で、その事実はお子にもよく分かります。
自己評価できて、嬉しい。その喜びをママが共にしてくれる！のでさらに嬉しい！（意欲育てになります）

例えば、リンゴの皮剥きでは、6分割か8分割（4分割では大き過ぎる）で始めましょう。
（…その前に、まな板の上でキュウリの皮をピーラーで剥けますね？
その後、ぶつ切りもやれているなら、始めます）

①リンゴとナイフの持ち方を教え、先端に1度だけナイフを入れさせて…ハイ・おしまい。なるべくもう1～2度同じようにやらせます。
②次回に、もう1押し剥かせます。2～3回までOK。
③3回目は先から終わりまで、2～3回OKです。
　いずれもやりかけですから、ママがその後をきちんと剥いてみせます。
④勿論4回目で一応は一切れ分がやっとOK。もう1～2回もOK。

毎回褒めます、ナイフの扱いで、キチンと…が大切ですから。
パパにも見てもらってホメられたりして、やる気を維持します。
スロー＆スローで良いのです。（楽しいことではナイ！必要なことです！）
また、ママのスラスラ剥きで、ママを尊敬できます。（お子が大人に憧れられるのはラッキーです）

6．家庭内育児

家族の一員として、応分の家事負担を義務させ、やらせます。
２歳（の誕生日）からやれそうなことを、２～３点義務付けます。
お誕生日を祝いながら、すかさず、「大きくなったから、やるのよ！」。
２～３日は喜び…以後は逃げまわります。
（同じくり返しはゼッタイにイヤ！）

担当家事を嫌って、ママの辛さにつけ込むかのように、お子は（逞しく！）「後で…」や、大げさに泣き、抵抗します。（もしかして、ママ否定遊び？で、お芝居？ ママに勝ちたい！願望もあります）
強制は辛い愛のムチですが、外から一見すると、虐待とかに錯覚されかねないことも？ ホーム内でしかやれません！

継続や義務の躾は、「安らげる」ことに次ぐママの大仕事です。
安らげるのは大好きで受け入れ、とてもラクです。
でも、忍耐させる躾はイヤがり、並大抵ではなく、日々バトルです。
（ママには辛くキツイでしょうが、お子は１分後にケロリ！）

家事と忍耐の体験も身体への多くの情報・記憶になり、くり返せばやがて生活スキルの自立化と、「身体記憶の定着」化で、疲労なしです。
叱られ慣れ（脳の特技？）で傷つき後の回復は早く、やがてエネルギー浪費はなく、忍耐強く有能でタフな人になるでしょう。

初めはだれだって下手です。
数え切れないほどのくり返しをしたママのようには、すぐやれません。
２歳児はよく、見たとおりに即やれない自分に怒り、泣きわめいたりします。１～２度の慰めに応じないなら、煩いですが、放っておきます。

もう一度やってみよう、きっと今度はできるヨと励まし、少しでもやれ

た部分を、認めたり、ホメたりします。明日もやるのヨ、もっと上手くママみたいにやれるでしょう、と慰め励まして意欲を持たせます。
面倒です…。
(泣き続けて、もっと慰めて…の「したたか遊び」で拒否なら、かわいそうでも、放っておきます。頑張りましょう)

やや高度な作業は小分けして、少しずつ・ゆっくりと進めます。
「分化」して、トライの段差を低めて、エラーレスで計画的（数年間限定？）に進めます。
上手くやれた部分を初回は褒め、以後は見・止め（認め≠褒める）てやり、チャンスをみて、次へ指導します。ママ以外にはやれないでしょう。

1歳では、履物を揃えたり、手拭きのタオル替え、靴下やタオルの後始末をマネます。義務化はまだ無理です。（ホメやらせは続きません）

2歳では、洗濯物も少し干します。タオルや下着も下手！にたたみ（丸め）、寝具の一部も整理します。枕カバーを洗濯かごに入れ、花に水やりし、新聞取りも、カーテンも引きます。

ゆで卵の皮剥きや箸並べもできますが、クッキングでの熱いお湯などは、背の高くなる就学児までは厳禁です。（座って、お盆立て（お茶をたてる）をするのならかまいません）
箸揃えもできますが、事前にフトお口に入れることもあり、危険もあります。理解できる４〜５歳過ぎからにします。

3歳では、洗面所のお掃除や拭き掃除もします。トイレのお掃除もやりたがりますし、やれます。自分の洗濯物を干し、下手！にたたみ、しま

6．家庭内育児

い（押し込み？）ます。脱いだ衣服の後始末、靴洗いなどもします。
サラダ作りやスクランブルエッグ、卵焼きや糠味噌漬けもお得意です。
根付きの野菜の根の部分を残して、水替えを義務させて、再生？も体験させましょう。
（お子製にはしばらくは、ひたすら「美味しい！or ママ助かる」を連発してやらせて、上達させます）

4歳では、お豆入りのご飯やおむすび、焼飯やギョウザを包むのも、お風呂掃除も嬉々としてやります。（ママみたいにやれるから、ビックリ！などおだて、評価します）
年末には自家用車の土を粘着テープできれいにしたりなど、使用後の後始末も学ばせます。

5歳以後では、ママと同程度に仕上げられるのをめざさせましょう。ハンカチのアイロンかけも、窓ふきも上手にやるでしょう。
（6歳児が2・3歳児の家事をしても、一向にかまいません）
ホームでの家事を幼くてもやれることを分担させても、直ぐ飽きてイヤがります。まるで母子間の戦い？ですが、ホームの一員の自覚化であり、義務・仕事を知らせることなのです。
「押しつけ・やらせて、継続させ、忍耐力を育て」ます。

（お手伝いは気晴らしで、チョットだけや好きにさせたりで、少しはスキルアップしますが、「忍耐や継続・義務」を躾けられません）

ママと同じレベルアップまでには、5〜6年かかることもあるでしょう。
強制し押しつけて、でも甘やかしも・おまけもして、トレーニングは易しくも、らくでもナイ！

担当の家事の継続は、生きること・生き抜くことの学びです。
義務・責任を果たし、家族に役立つ喜びです。忍耐や努力とその成果の自信は、終生お子のものになり、とれません。
家事自立×は自活下手の要素です。日常生活はいつも他に求めねばならず、乞うのは不自由で時間も浪費し、楽しくない！

いつのまにか、やれる他人が見え・分かり、無能な自分を知ります。つい卑屈になり、自分勝手な怒り・憎しみ・嫉みでストレスや劣等感を強める可能性もあります。不健康な、辛い人生になるかもしれません。

４．ホーム（≠ハウス）

お子の自由・意欲が人間化を誘導します。
でも、やりたいことをやらせればOKではありません。
イヤな忍耐・自制能力が必要です。マイナス性への自制力も強いのが、ホントの自由です。できないワガママ化は人生のハンデ要因です。

放っておいても良かったのは昔です、社会の教育力が強力でしたから。
現代の環境は忍耐学びには最悪でしょう。
温度も食事も、物も生活システムにも不自由・不便は極少化しました。
時間さえ増大？　圧縮？して、スマホで即時・新幹線で早々と到着し・コンビニですぐ間にあい…即OK・OK・OKで、待ち知らずです。

逆に過保護育ち？
自主性無用で、与えられ・労られ過ぎで、甘やかされ、弱くされて、認識力や判断力、忍耐力が育たないことも？
人前では自己保身のにこやかですが、内心は幼児性万能感でウルトラわがまま、家庭や身内では王様で、即キレの八つ当たりがお得意かも？

貧しい生活で、親は懸命に働き、時間もゆとりもない環境であれば…、
否定され×されても、したくてする否定ではない・受け入れたいのに
それどころではないと、子どもながらに真実を見ます。
懸命に生き、ほんとうに否定する親ではないと得心します。

かつての社会には、多くのハンデがあり、貧乏や疾病の多くに触れて、
過ぎる欲求は自戒され、育自できました。
反ワガママな謙虚やギブは評価され、厳しい生活に忍耐できました。
（庶民は、エゴオンリーや幼児性万能感では生きられませんでした）

ゆとりのある環境では、親の過剰な否定はほんとうの愛のない否定、と
お子は感じます。
否定は本心で嫌われている…とお子は受け取り、躾と違い、冷淡・無関
心と感じます。（躾なら、やればOKされ評価され、視線が違います）
否定多々されるなら、やがて、自分は親のための存在？と苦しみ、成長
後に怒りの家庭内暴力の爆発もありえます。

（米国のエリオット・レイトン氏の、1997年の翻訳本『親を殺した子
供たち』にも9件の痛ましい事件が取り上げられて、警鐘をならされま
した。今や日本でも！）

のびのびとノーを言わせない場は、ホームではなくハウスです。
リラックスも肯定も与えられないのでは、他のおうち？
家族の誰もが大切な一員であり、暖かいホームなら、言いたいことは自
由に言えます、ノーだってOKです！

感情や表現の自由は基本的人権ですが、意志や気持ちと即、実行するこ
ととは違います。やりたい放題がホームではありません。

ハウスでは衣食住には困らなくても、家族は各自が自己防衛的で、自分のことだけに精一杯になりがちです。共感・共存感や励ましのエネルギーは不足して、安らぎはいずこ？
（不運なら、「引きこもり・ニート」化？）

自己主張も経験しないのなら、やれません。やらなければできません、身体が動きません。
ミスは重視されず、しても即時、対応を導き労ってくれるママのもとで、やりすぎれば否定され、叱られながら、程よい感覚を多々トレーニングして、やれるようになります。
ママや身近な人を見ながら、マネながら、ひたすらな体験をつみ上げる暗黙知で、相手も場もいろいろでオール・ケースバイケースです。
（マニュアルや教材もない！）

5．塾

敗戦頃までの入塾（多くは「習いごと」）は、子どもが６歳の６月６日とされていたそうです。
たしかに、６歳は義務教育開始の年齢であり、つまり、お話を聞ける・指示に従える・指導を受け入れられ・マナーを守れます。
（昔も今もやはり、幼時期の差はあまりないのです）

いわゆる塾や学校では、親には教えられない技や知識を学ぶ…のですが、近年では授業についていけない補習塾も増えました。
初めにその必要をお子（家庭的に必要な場合もある）が求めている程度を見極めることが必要です。
一見での憧れや友人と一緒にいたい…など、お子の要求をすぐ受け入れては実りにつながらないこともあります。

（過ぎゆく貴重な時間を、遊びの自主性学習と強制的な教育学習を混同してはならないでしょう）

知識や技を高めるのには、自覚の意識と継続が不可欠です。
お子の仲間につられた時間つぶしや、ママの外出的な気晴らしは目的とズレます。指導者に失礼ですし、お子にも成果がでません。
速やかなお子のレベルアップこそが、指導者の仕事・喜びなのですから。

親にはできない技・知識は多様です。大別すれば、書や珠算・音楽や絵画などの着席型と、移動的なスポーツや舞踊などの体得型でしょう。
親なれば、どれもこれも全てをレベルアップさせたい気持ちになりますが、体力や時間に限りがあり、不可能です。

親の選定ではなく、お子にせがまれて、すぐ応じるのでは継続しにくいようです。お子の願いにはまず半年間待たせて、意思を確かめます。
変わらないなら、あなたがやりたいのなら OK するが、欠席しないことや3年以上（或いは小学校卒業まで）の継続などを約束させると、成果が出るでしょう。

勿論、事前に塾拝見して、指導者にも会います。相性もあるので、選べるならラッキーです。途中で変わるのはお薦めできません。
（レベルアップ後の、ご推薦の変更はお受けすべきです）

親が好きなことは胎教教育？もあって楽しみ、レベルアップしやすいようです。
自宅レッスンも続きやすいでしょう。
（せっかくの練習中に、親の口だしはしません。ミスが分かっても、指

導者にお任せしたのですから、ママの指導はマナー違反です。
お子にも同時に２人の指導者は迷惑です）

大好きであれば飽かず、伸びますが、ほどほどで飽くことはあります。初めの約束を理由にして、継続させると、そのうち乗り越えて続きます。「継続は力！」で、続かせることがおうちの義務です。やがて結果が出て、楽しみます。

あれこれと優れるように、かけもちさせたいのが親心ですが、通学で着席が続き、下校後も又々着座…の生活は、成長中のお子には妨害かも？事情や環境なども考えて、芸術性のお稽古と身体性のトレーニングの２塾までが望ましいでしょう。
（勿論、家業上の必要性などで、色々でしょう。絶対ではありません）

また、ピアノは運べない・弦楽器はサイズの変更・舞踊は衣装多々・珠算は昇段テストと週２日以上が多く、外国語には幼児×の説もあり、まず日本語習得後の方が理解し易いでしょう。水泳は自分の行動を目にしにくい・武道は昇段試験と社会人の存在で夜間や週末練習が多い…など、各々に違います。

グローバル化で見知らぬ人々との交流も増えました。また順調な人達ばかりではなく、ハンデに苦しむ人も残念ですが増えています。
とりあえず今日では、自己保身のための武道の研鑽は望ましいと思います。少なくとも３年以上は必要でしょう。

攻撃性がイヤなら、「合気道」があります。小学中学年頃からの開始になりますから、それまでは多様な機能を伸ばす「体操教室」をするのも良いでしょう。

6. 家庭内育児

スポーツが楽しく、のめり込むこともあります。偏ったスポーツを、小学生から団体での勝負に強くこだわり熱中させるのは、お薦めできません。お子がホントウに大・大好きでも、熱心が過ぎて、過労での学業の支障や、故障などを気遣う著書もあります。

(就学後のスポーツ塾に、日本的？な上位に従う感覚が強いとか、スキルアップの指導に暴言や侮辱が頻繁であれば、再考すべきです。
熱意と偏りを混合してはならないのです)

3歳から始めた…などは、環境によります。
例えば、歌舞伎の世界などでは家業の後継者として、遊び的ではなく、義務的のようで、是とされる環境ではムリがないのでしょう。
一般的には義務ではない・遊びとしてやるのが大切で、お子や親・指導者と3者の合意が要ります。
お話がきちんと聞ける・自分のことは自分でやれるなら、早過ぎないなどが最低の必要条件です。

（早過ぎれば良くはない。分からないのを押しつけられ・受け入れ・従うばかりでは楽しくない。やがてキライに？）

卓越して伸びるお子は、往々にして、家庭環境に寄ります。運でもあり、親が大・大好きの前準備にも恵まれた環境（勿論、体力なども。体質は遺伝性が強いと言われています）とか、親がお子のスター化を夢見て懸命に協力するなどが見られます。
（芸術家は３代目に現れるとか）
一般的には、お子が選んだコトを楽しみ、そのスキルアップに努力すればOKでしょう。（「好きこそものの上手なれ」）

ある日突然、無関係に天才が誕生…はまず、ありえません。
親が勝手に他のお子を羨み、吾子に後追いを願うのはお子に失礼でしょう。
（天才？ゆえの、偏りや孤立で、長い人生での真の勝利者たり得るか、幸福に生きられるかは別問題です）

謝礼は前月納入がマナーです。（来月の指導時間の予約を意味します）

7. 環境（無意識性教育力）

1. 自然
2. 日本＝島国
3. 古き長き国・日本

環境には無意識的にしぜんに感化する**大きな教育力**があります。
日本で育てば、誰もが自覚しないで、日本語をすらすらと使えます。
感性や言動も日本人的になりますが、言語は知性や思考などの原点で、民族的な思考や生き方まで含まれ、生活や人生にも大きく影響します。
さらに国土や歴史・伝統・社会風潮・日常習慣など、と総合的にいろいろな「もの・こと」が入り組み、膨大に影響されます。

そして日本は特に、戦後の世界は劇変し、さらに近年はグローバル化で国々は触れあい、独立性は薄まりました。さらに、科学・技術の大進歩で国家民族の個性はまるで薄まっているようで、やがて同一地球人になるのかもしれません？

しかし、長い過去で積み上げ育てた文化や身体に染みた感性を捨て、他国化に変更するのは、どの国の人も容易ではありません。
個人的にも大劇変で、気づかずに侵略されたかに似ていても、成長後の接ぎ木のような不安感が続き易く、社会不安の減少も遠のくかもしれません。

豊かな地球的なオリジナルを消滅させ…ては、今日の高みに至らしめてくれた多くの先人にも申し訳できません。
今振り返り、与えられた幸せを感謝し、学びの確認などで、この影響大な現実の直視も、幼育には必要でしょう。

1．自然

ヒト化のさらなる大昔から、太陽の輝きに導かれて歩き、広大な天空の碧と綺羅めく星々の密かなささやきで、眠りました。
大海はまず命を生じせしめ、地上に在らしめ、はるかな彼方に未知と憧

7. 環境（無意識性教育力）

れを誘い、餌を与え、さらなる進化を許しました。
大自然こそは38億年もの生命発生以来の大ふる里であり、大地はヒト化させ、安定と自由・食を得させ、群れさせ、励ましました。

さらなる緑は、生命なる酸素やオゾン・水と安らぐ木陰で満たし、生かしめ・癒やします。
ヒト化への好条件に恵まれて、牙も毛皮もない無力さは共存させました。
家族・社会・政治や学校など、人の関わりは全て共存にあります。
個立を選ぶこともありますが、自分以外の人（見知らぬ他人でも！）と無縁では生きられない…のがヒト種であり、宿命でしょう。

各遺伝子は総合的に、大いなる共存を命題にして進化したゆえの、今日只今です。
導き・与え・育んでくれたのは、大自然と先人方です。
人間は離れ過ぎてはならず、エネルギーの枯渇も防がねばならない。

大自然からのエネルギーと安らぎへの畏敬と信頼は、ヒトの全遺伝子に在ります。
人間初期化の幼な子にも、入力済みなのです。
（人工性が過ぎればやがては、積み上げた60兆もの細胞にある遺伝子の総合活動に何か不足や支障が生じかねないように思えてなりません）

幼な子は水遊び大好き、また土・砂・石や泥んこいじりで、或いは木の枝や草花で戯れ続けます。長い自然暮らしに回帰して、潜在意識的な安らぎを確認できるのでしょう。
大いなるふる里による生存力で、仲間と多くの困難に耐えぬけたと遺伝子情報にあるのに違いないのです。

ヒト化の原点である大地歩行と付随する豊かな自然環境で、高度な人間化に至りました。今やそれらから、遠ざかるかのような人工的な生活化ですが、大人の心身にはまだ馴染んだ過去の記憶が残っています。

その支えを失いかねない只今の幼な子には、可能な限り良好な自然な環境で、伸びやかに遊び戯れさせ、潜在記憶を活性化させねばなりません。ヒト化の原点に馴れ染まねばなりません。
土や泥を汚いとの感覚を与えてはならない・不自然に清潔な室内に合わせないなど多々気配りして、本来のヒト感覚を維持させなければ、健康な長命化も困難になりかねません。

大人も誰もが、大自然の美しさ・多様さはいつも好ましく、触れ・癒やされたくて旅に出ます。ホンモノの懐かしい安らぎが、エネルギーを補強し、癒やしになり、生きる励みや支えにもなるからでしょう。

＊最近は日本のお花見や紅葉狩りは、外国からも楽しい行楽として訪問されるようになりました。華やかで優しく、何度見ても誰もが優しい感動を受け、癒やされます。

少し地味ですが、水田もまた安らぐ風景でしょう。日本には絶対に必要不可欠な大切な存在です。（お酒なら日本酒でしょうか？）

２．日本＝島国

現代の大激動・大変化は歴史的な地球的な規模のようで、留まる見通しもないようです。
人間の能力（スキル≠人間性）が高度化して、個人１人の影響力も恐ろしいほど増大しました。さらにさらに優秀な人材が必要とされ、育業の

7．環境（無意識性教育力）

責任もまた重くなる一方です。

全世界的に情報は膨大化し続けて、コンピューターやロボット・人工知能を家来化？して、人の能力の拡大は留まりません。
飛行機や車・インターネット・遠隔操作やカード・3D・仮想通貨・5G…などの大規模で超高速の即時性で便利になり、ホームも指１本？でスムーズです。
（やがて、デザインベビーの工場出産とかで、ホンモノの男女平等？人は単性化に？）

同時に、高度な武器までもサイバー化し、犯罪効率も日々天文学的に高く・たやすく、ハッカー等は嬉々としてサイバーテロの膨大化を隠し、日常化して増大しています…。
サイバー攻撃者・泥棒達は手ぐすねを引き、一瞬で大儲けでき、笑いが止まらないでしょう。また、一瞬のミスで想像ができないほどの大惨事や大損害が生じます。

さらに、成人どころか思春期にも、ドラッグ・セックス・レジャー・ブランド購入に誘う情報過多で、個人の危険も増える一方です。
誘惑は余りにも強すぎ、抗う力は余りにも弱く、穏やかな生はもう不可能…かと案じられます。

大陸≠島国
日本は島国ですが、殆どの他国は大陸にあり、互いに国土は隣国と連なっています。
陸続きの国境は越えやすく、往復し合い、互いの異質性に触れ、多様性に慣れて、移民も容易です。
自ずと自己主張や防衛意識は強くなり、駆け引き上手で・行動は素早

く、利に敏く・ハングリー意識も強く、1人勝ちを願う、逞しい生きざまのようです。
さらに狩猟民族であれば、1人勝ちはより顕著に評価され・崇拝され・喜びは強く大きく、憧れられて、その性向は歴史的にも鍛えられ、資質は遺伝子化しているでしょう。

20世紀の2度の世界大戦を経て、ようやく国際的にも反戦意識が強まり、殺人や1人勝ちはヒト進化の原理性に反すると認識されるようになりました。
共感し共存できる安らぎは、個々自由性を不可欠とします。
もしかして、その補いゆえの「民主主義」が生まれ、地球市民の共通感性として、受け入れられてきたのかもしれません。

また個性豊かな欧米各国は1人勝ち性な戦いを否定し、分け合うシステム化を目指しましたが、トライはいまだ成功には至りません。
とりあえず1人勝ちもなお、ルール厳守のスポーツや選挙、限定的な芸術分野などで公平性厳守で受け入れられ、評価されています。

辛うじて欧州は長い戦いの後に、EU化のトライはヒトの進化にふさわしく、世界のトップなりえませんでした。只今は一国のみの脱落？ で持ちこたえていますが、叡智不足？で、反EU化の増大も始まり、波乱の多い21世紀の現代です。
1人勝ち良しの意識がなおも強いのでしょうか、国家や経済の格差は残念ながらさらに拡大を続けています。

例えば欧米の大企業の役員報酬は高額（米国の平均は13億円、日本では1億円余）ですが、スポーツや芸能界はさらに凄まじい。

7. 環境（無意識性教育力）

（底辺の担い手・支持者との格差は、共感性感謝の意識が低いのでしょうか、ヒトの進化は今日の人間性にふさわしいとは思えません）
遠慮や謙遜の価値感は日本のみ？
（多くの他国には、こうした言葉さえもナイとか？）

それゆえにでしょうか、経済や技術に加えて、今や果物にさえも長々と務めた品種改良のイチゴ・リンゴ・マスカット・サクランボの日本の種が、いつのまにか他国の物になり、堂々と世界に販売されていることなども珍しくはありません。
他者の努力に敬意や感謝を払えず、密やかに盗み取られて成果を喜ぶ感性は、ヒトの退化とも思われ、残念です。

世界的に挨拶の「握手」は武器不所持の証ですが、かつての、（いえ今日もなお？）常に警戒が必要な緊張生活の名残りなのでしょう。
（日本の挨拶は互いに見合う「お辞儀」で、武器不所持の証ではありません。
神技たる「相撲」の奉納時にのみ、両手を開き翻し、マナー正しきを証します）

英語の「私」の表現は、赤ちゃんでも大統領でも「I」のみの1語のようです。
人権の平等意識は言葉に加えて、「神の前でも…」などの宗教性にもあるようです。
ゆえにか？　欧米の企業では上位者をも職名では呼ばないそうで、ヒト的平等感があるようです。

英語がラテン語から発祥したように、欧米各国の言語には類似性があるようで、共通言語性の共感的です。強大な統一的国家に似た一体感がさ

りげなくあるのでしょうか、言語にもEU性があるように感じられます。

日本語は多様な表現で、「私」も自分やオレなどと10種では済みません。
表現の正確性は高くても、長幼の序の感覚も歴史的な日常で、上位者に従うシステム性向は、今日ではどこか不平等感覚を維持しやすい感があります。
(かつては家内工業や農業で、年長者の経験多々ゆえの知恵やスキルで実効的な恩恵があり、感謝を伴い、単なる時間経過を評価したのではなかったのでしょう。
また、言語はナゼか時間や数などには喧しくない、おおらかな表現です)

欧州の100年戦争もどこか内戦感覚的（ゲーム的とかも？）だったのでしょうか、2度の世界大戦を経て、ようやく共存的なEU化し、移民受け入れも共同的で膨大でした。
しかし今や人口増ゆえの限界でしょうか、ノーが始りました…

ともあれ歴史的に強大国の存在は、つまり次々と弱小な隣国に争い続け、勝ちぬいた1人（1国）勝ちの証です。
有史以来大陸では、他国は互いに延々と戦い続け、侵略を続けあった歴史を重ねて、今日の21世紀を迎えました。20世紀以来ようやく、国家間の争いは原則的には否定されたことはヒトの進化の輝かしい歴史です。

(かつて、ローマ市民はなぜか殺戮観戦と不労を好み、帝国は崩壊しました。

7．環境（無意識性教育力）

つまりは1人勝ちがヒトの進化に反した…からでしょうか？）

20世紀にはようやく、植民地化された有色人の国々の多くが独立しました。
さりながら、かつての好まざる強き宗主国の感性や文化に、よく見知り・感じ・慣れて、違和感は少ないでしょう。
その知識と自国の二者を共に有効に活用できるのは、新興国には今や大いなる強みでしょう。

1世紀前の世界人口は17億人…、100年で今4倍になりました。
今日の情報は瞬時に世界の果てまで届きます。国々の教育は義務化で平等性が意識化し、移民増の一因かと思われます。でもハンデな人に低額なワーク…は、どこかパワフル？
（もしかして、まだ生存競争の劇化はゆるやかなのかもしれません？）

島国小国の日本の庶民は生活に追われ、他国語も不能で、他国やお国柄にも気が付けず・見えなかったことでの他国との大差には、今にして驚きも多大です。
（大陸の人々にはお互い様で、違和感や驚きはあまりナイのかもしれません）
世界は小さくなり、人々はさらに増え、価値観の差はさらに希薄になるのでしょうか？

島国の暮らしで、孤立的に共感意識を育てあい、ハングリー性には鈍く、大陸人との大差は見えにくく…、気がつかない（つかなかった）？日本。
今日までの日本はラッキー、地球上のオリジナル性での評価や価値であったのでしょう。

それらはさまざまな国に伝わり、目聡くキャッチ・コピーされ・利用されて、やがて私達には何も残らないのかもしれません。
今、海は無きかになりました。飛行運賃の低額化にも驚きのみ！
よほど意識しないと、今後はよりハンデな部分が顕在化し、生き辛くなりそうです。

日本の特長
日本は近年まで大陸から程良く離れた島国で、特殊性が多々ありました。
かつては取り巻く大海が侵略から守り・食物を与え・降雨で水と清浄を、さらに緑化で無意識なエネルギーや癒しも多く与えてくれました。
馴染んだ山々の景色や風、豊かな森林から恩恵を与えられました。

留まらぬ水の流れは命させ、さらに時の移ろいや忘却すべき過去をも知らしめ、水辺を香らせ・乾きを潤し、貧しくとも安全でした。
眺め暮らした天空の月と星々は優しく、揺らぐ大地は人々に力を合わせしめ、明治時代までの数百年間は武具も無用でした。

（この敗戦までは、留守には「お越し無用」の合図の旗さえ立てて、遙か峠からの訪れに知らせるほどの絶対の信頼は、俳句にも詠まれています。
施錠不要の村々は今なお記憶にあり、排泄の清潔さえも守られてきました。
「もの供養」さえもして、役立った物にも感謝して、共感し共存し・犯罪性の低い・お人好しな？　貧しくとも心豊かな日本社会でした）

地理的には火山地帯にあり、恵みも多いですが、同時に地震や津波・台風・山崩れの大災害も多く、忘れる前に絶えず続きます。

7．環境（無意識性教育力）

災害の多さが、互いに思いやり、助け合う共存性を育てた一助にもなったようです。
他の人々が苦しんでいるなかでの１人勝ちは、本当にあってはならないことであり、楽しくない！　といえます。

（次世代やエコのためにも、大海の清冽維持にも、備えなしでは恩恵を生かし切れません。無用な損失を永続的に防ぐシステム化や努力が、今後はより必要でしょう）

民族的な個性は、共存性が過ぎて？　自己否定・卑下的な謙遜が美徳になってしまったようで、今日の世界常識からはズレたように感じます。
しかし島国の孤立的な独自性は継続・維持されてきました。
海山は豊穣な水や産物と四季（＝「色」は不思議にも、ヒトの目にはカラフルな美醜が多々見えます。感じられず・触れられず・有る？がナイ…不可思議は般若心経の「色即是空」とある）を与えました。

ゆえに自然性の豊かな文化を築き・技術を高め・情報は行き届き、伝統的な社会でした。他からは学び、略奪されることは無く、明治維新も成功し、有色人種で唯一の非侵略国なり得ました？
（今なお、お正月で「神」に、お盆には「ご先祖」に、感謝とマナーを続けています）

日本は1867年のパリ万博の初参加の後には、ヨーロッパにジャポニズムが始まり、世界的な欧州文化に影響を与えました。文化・芸術のトップのフランスでアールヌーボーが起き、両国の文化交流は続いています。
ソフトの精神的な利益でしょうか、共存可能なのでしょう。

しかし今や、お得意の直接利益的なハードの維持はかげりがあり、世界

に誇ったデジタル技術は今は昔…
とりあえず日本食は世界中から楽しく評価され、受け入れられているようです。
（タコ食や生魚にも偏見の目がありましたが、今では、世界中からイエス！もしかして日本が進み過ぎていたのかも？）

さりながら大陸で隣接国家間に生きる人々の、緊張の多い生活を横目にして、今なおもその民族性との大差に無自覚（無関心？）です。
日本は自己主張も防衛も下手なのんびり屋さんなのでしょうか？

大戦後の世界中の人々に喜びを与えた、輝かしい多くの電気製品や素材は陳腐化し、ロボットを売りつくして、メーカーはまさに自滅に向かうかのようです。（なぜか不思議に、近年はトップのおじさん達がTVのニュースで頭を下げて…、ハイ・オワリ？）

歴史的に自然に頼った生き方で、共存・共感感覚が強い安心暮らし（素晴らしいはずですが）は、今日の世界には合わなくなっているようです。
他国や他人を警戒せず（格言には「人を見たら泥棒と思え！」もあります）に、むしろすぐに信頼し・歓迎する良き民族性は今やだめなのでしょうか。
（振り込め詐欺での高額さもその証）

防衛下手抜群で疑わず、気遣いルール厳守も過ぎる？
優しくて・ノー下手の・お人好し…で、生存競争の能力が低い・平和信仰国？です。
縄文時代から馴染んだ感性は、共存・共助の正義をなおも身体に遺伝子に染みこませて、信頼大好きな性向です。

7．環境（無意識性教育力）

（縄文の遺跡からは、戦いの形跡が全く無いそうです。隣国では数千年前の遺跡からも、ありあまる膨大な武具や戦士の出土とは、大違い過ぎます…）
日本人はきっと本来は地球平和維持には望ましい人間性でしょう。
しかし、今日の厳しい世界情勢では不利で、生きにくい敗者性向なのかも。
いえ、ホントは次世代のための明日を考えない、冷たい人種かもしれません。

「永世中立国・スイス」は、経済的にも豊かで、長々と世界のトップ級です。
周囲が全て核保有の隣国ではなくても、平和にも油断なく、政治的にも一流で、さらに自主防衛に徹して、今日なおも徴兵制です。
歴史的にプライベートバンクもあり、厳しい現実に強く賢く向き合っています。
非戦に向き合う聡明さは、豊かなお国ぶりにも生かされています。

戦後74年もの平和な非核国で、隣国と国土的に触れ合わない孤立的な日本こそ、中立化の条件が揃っているのではないでしょうか。
でもナゼか欧米先進国とは異なり、米国に次ぐ国際貢献は全く評価されませんでした…
戦後の長き国際平和に貢献の事実や、不戦性の憲法保持も無視され、近隣の核保有国からは戦後もかなり過ぎてから、突然ナゼか反日教育が開始され、今も続けられています。

かのユダヤ人排斥で死者600万人とされたイスラエルでさえ、反ドイツ教育や反イタリア教育とは、聞きません。
かのベトナムでさえ、反米はなされず、勿論、アジアの他国にも反英・

反仏・反葡教育などは全く聞こえません。
我が国は今なおも領土侵犯に耐え、国土まで反日の人々にも譲っています…。
（条約と敗戦宣言を無視して、突然侵略して奪ったのが正当…の主張は、21世紀に相応しい進化のヒトには思えません）

スイスや諸国とはあまりに大差がありすぎます。一国我が日本の現況が何とも不思議でなりません。
次世代をこの日本に迎えた母の身には、吾子らの今後が案じられてなりません。
戦後70余年の努力や詫びは通用せず、術もなく、強い不安を抱いたままで、まもなく立ち去らねばならない無力な母には、悲しみは大き過ぎて、言い表せられません！

ふり返れば、明治維新後の激動は収まらず、この第二次世界大戦での敗戦後の飢餓や焦土の掘っ立て小屋、ホームレスの孤児達の凄まじい困窮は想像もできません。
貧しさや忍耐…の言葉さえおこがましく、よくぞ今日を…としか言えません。
超・過労を希望で生き延びて、やがてTVや冷蔵庫・車やピアノまで持ち、ゴルフや海外旅行へと一気に駆け上がり、成り上がりました。

バブル崩壊も昔話？　大激動にようやく慣れ…いえ、21世紀の世界はさらにグローバル化し、ひたひたとデジタル・IT化の急速な大波が押し寄せ、環境の大変動は社会も日常生活の全てに続いています。
祖父母世代に従順に働いて生きる家業は今やなく、上司に従えばOKの職場も消えさり、さらに不慣れな個人の自主自立化が求められています。

7．環境（無意識性教育力）

「反自育」の環境は強まる一方です。
近年の少子化の影響も大きく、見逃せません。
日常の社会生活の場から子どもが消え、ルールと知識の大人集団的な社会となり、地域には子どもも大人も見えず、静かなゴーストタウン化のようです。

多様な子どもたちの未熟性や気楽さ・意欲は、社会に寛容性を与え、息がラクにつけるように、心身共に生きやすくさせます。
幼な子の見えない化は、子ども無知的な大人達の社会化のようです。

もしや反動なのでしょうか、今や未熟で身勝手な「幼児調」を社会が求めるのでしょうか、反知的がやさしく良いとする風潮さえも感じられます。
メディアではかん高い大声で、何人もが同時に発声し、語彙は少なく・殆ど感嘆詞のみです。従来の日本語に反するような大人らしくない話し方が多く感じます。

させて頂く・思う…などの表現も、自からがすぐやることまでを、どこか自己責任感がないような表現で「…させて頂く」流行り？
手間暇させる・反経済的な幼な子の存在を隔離しながら、心理的に求めてマネ・演じるかのような社会の風潮は、過剰な謙遜口調とともに不思議でなりません。

お子達への影響も気がかりです。日々の生活に手も身体も使わず・他の仲間や大人とも触れず・諸体験（＝学習）や暗黙知が激減したとても単調な生活です。
手や身体・脳・能力などの機能やアンバランスな認識が、人間力の退化につながるようで気がかりです。彼らの健康寿命が長いでしょうか？

この日本の地に呼び出されて…ラッキーと感じられるでしょうか？
生存に、その人生に満足してくれるでしょうか？
（私たちは恨まれない「母」になり得るでしょうか？？？）

3．古き長き国・日本

『アインシュタイン博士が講演で言われたお言葉』
　　　　　　　　　　　（大正11年11月17日から43日間滞在された）

「世界は進むだけ進んでその間、幾度も闘争が繰りかえされ、最後に闘争に疲れるときが来るだろう。その時、世界の人類は必ず真の平和を求めて、世界の盟主をあげねばならぬ時が来るにちがいない。

その世界の盟主は武力や金力でなく、あらゆる国の歴史を超越した、最も古く且つ尊い家柄でなければならぬ。
世界の文化はアジアに始まって、アジアに帰り、それはアジアの高峰、日本に立ち戻らねばならぬ。我らは神に感謝する。
天が我ら人類に日本という国を造っておいてくれたことを」！！

世紀の偉人アインシュタイン博士は、本質を観る力が最高でしょう。
紛れもない高評価を受けた日本の昔話には、博士の「相対性理論」を暗示したかの「浦島太郎」を語り継いできたことにも、不思議なご縁を感じます。

①　20世紀までの日本は他国との戦いは元寇の来襲のみで、争わず、破壊も略奪もされませんでした。（国内での権力戦いはありましたが…）
庶民は長い平和にゆったりと、誕生から馴染んだ「もの・こと」は五感や記憶・潜在意識や身体にあり、日常的にもそのように生活しました。

7. 環境（無意識性教育力）

自然美の快感に惹かれ、造作しやすい木々に恵まれて、継続可能な技術のレベルアップはしぜんに伝統化しました。

懐かしい思い出の記憶がさらにスキルを高め、「もの・こと」で活力維持や自己肯定し、さらに多々な癒やしにも恵まれて、社会不安の少ない、マナーの良き日本だったのでしょう。

② 日本には１千年以上も続く会社が７社・５百年以上は124社・２百年余の会社が３千社以上もあり、伝統ある社会にはご先祖への敬愛と感謝が必然的になされたのです。共存と永続維持への努力の証しです。

日本人の娯楽は上下なく、万人共に等しく四季を楽しみ、闘う興奮的な享楽は少ないものでした。今でも、花見や紅葉狩りの行楽を楽しみ、七夕で星を祭り、名月や雪を愛でます。
戦いの武道こそは、終われば互いに涼やかな一礼のみです。
「勝負は時の運」・「礼をもって礼に終わる」…の言葉こそは、対戦してくれた敗者への感謝や思いやりであり、明日の我が身を想う慎しみでしょう。
強きを拳や大声をあげて勝ち誇ることは、今尚もなされません。

（例えば江戸の長き平和は、庶民にまでも豊かな文化を楽しませたようです。
文武両道を弁え、誇りある武士の頭から足下までの衣装や刀、また女性の髪飾りや染め縫い取った絹や綿・麻の衣装の素晴らしさ…、さらに夜具や大漁旗などにまで、まさに美術品にかこまれた生活です。
日常生活の作法は守られ、「狂言」でも上位の大名が下位の太郎冠者たちを、むやみに見下げる物言いではありません。
浮世絵や金魚・風鈴・植木や盆栽を、料理や寿司・お菓子や飴細工など

の日常は、今日よりも本物で、人の手が加えられ、はるかに上質だった
かに思えます）

さらなる古きからヒト化の原点（共存）を守り、共に生存を尊んだ社会
を維持してきたのです。
ゆえに大いなる主祖神は未来する女性神であり、八百万の神々と共にあ
らしゃりました。
人に要請（拝礼も謝礼も）は何もなく、自然との共助を示されての神道
が今日まで続いています。
（でも私たちは石油禁輸の制裁を防げずに大敗した先の大戦の愚かな主
因を、まだ学んでいません）

残念ながら今や地上の自然の個性種が減少し続け、１日に１〜２万種が
絶滅するような恐ろしい事態です。
地球の絢爛豪華な豊かな個性の消滅を少しでも防がねばなりません。
オリジナルで豊かで多様な日本文化にも多く触れて、保持者たらしめる
のが、日本人の義務に思えてなりません。

美しくも豪華で、人力の粋を極めたかの豊穣な文化の産物は、地球の東
西に細長い地形を海に守られ、水や四季に恵まれて産み育て、継続しえ
ての先人方の高技術化のおかげです。
さらに美を求め、日常的に楽しみ、他を排除攻撃しない生きざまは、地
球人の最たるもの！（…言い過ぎ？）

（鳥羽僧正描くとされる「鳥獣戯画」・俵屋宗達や若冲にまでもの小動物
をも仲間視する優しさ・暖かさ！　優しく美しい線描ははるかに手塚治
虫に引き継がれてマンガの原点といっても過言ではありません。

そしてまた「洛中洛外図」などにも、ことに岩佐又兵衛作とされる「豊国祭礼図屏風」には平和に生きられる人々の喜びと楽しさ・美しさが伝えられ、今日もなお、共感・共存の嬉しさを祭礼の表現で伝え続けています。ときには2000人もの人々を登場させて…。

浮世絵も然り、美人多々どころか、北斎漫画にガラクタ道具の抗議の絵まであります。それらを楽しんだ人々が、まるですぐお隣にいるような臨場感を感じることができます。

衣服どころか、のれんや食器・手元の手拭い・風呂敷や団扇・鼻緒にいたるまで…、ナント美的な生活用具に満たされたことか！
四季の絢爛さに触発されたのでしょうか？　近年の民芸や芹沢銈介の庶民性作品にも続く今日でもなお見受けられます）

大昔より日本人が神仏とご先祖（大自然や木々にも）にただただ「在る」を感謝し、楽しみもしながら保守維持した身近な祭礼でもよく分かります。
参加できればラッキーで、文化・歴史や社会のシステム・ルール・技術を学び、大人たちと子どもの触れ合いもあります。
自然を尊び馴染んだ感性で、積み上げたスキルを大切に守り・維持し高めるのが、日本国・日本人の義務責任であり、プライドでしょう。

（四季の行事を楽しみ、お子の就学後には歌舞伎などの鑑賞や武道習得など、日本文化に配慮頂けると、母国・民族の地球的オリジナル性を理解され肯定できるでしょう）

③　日本文化をとりあえず、以下に羅列します。
1）建築
　　神社（社殿・刀剣）・仏閣（仏像・絵画・仏具）

- 城（城郭・武具・建具〜襖、引手、釘隠し、畳など）・日本家屋
- 庭園（石組み・植木・鯉）・盆栽・茶室（道具）

2）芸能
- 雅楽（舞・歌・面・衣装・楽器〜）・お神楽・獅子舞
- 能と狂言（謡い・面・楽器・舞・衣装）
- 文楽（義太夫・人形〜頭・衣装）
- 舞と歌舞伎（各舞踊・衣装・化粧・舞台装置・邦楽〜義太夫、長唄、清元、鼓、三味線、琴、太鼓、尺八）

7．環境（無意識性教育力）

3）文芸・武道
- 書（和紙・具材〜筆、墨、硯、表装）・和歌・俳句・詩文
- 日本画（屏風絵・浮世絵・俳画・顔料）・人形
- 茶道（香合・道具）・華道（花器）・盆栽
- 剣道・古武道・弓道・柔道・相撲・仕舞
- 焼物・漆器・竹編み・織物・染め物・刺繍・組紐
- 将棋

4）年中行事
- お正月・お盆・七五三
- 祭礼（山車・お囃子・からくり・大名行列・衣装・提灯）・屋台
- 行楽（ひな祭り・お花見・鯉のぼり・七夕・紅葉狩り）・たこ揚げ

5）生活
- 料理〜懐石・B級グルメ・食材・菓子〜主菓子、干菓子、駄菓子
- 衣服〜和服・帯・髪飾り・履物・和傘
- 用具〜漆器・寄せ木細工・のれん・水引き
- その他〜大漁旗・魚拓・折り紙・アニメ

8．母業（安らぎ〜ふるさと・港）

1．母？
2．母業環境の激変
3．今日（ハンデ！）
4．母業（≠託児・シッター）
　　1）自立ママ　2）禁止　3）叱る・躾
　　4）多々…　5）過保護（甘やかし）・奴隷ママ
5．「オマケ」≠甘やかし
6．虐待
7．食べ物

> 美智子上皇后
> 　母吾を　遠くに呼びて　走り来し
> 　　　　　　　汝を抱きたる　かの日恋ひしき

> 与謝蕪村
> 　むかしむかし　しきりにおもふ　慈母の恩

> ？ 明日を、未来を、希望を与えて生かしてくれる、
> 　　絶対に必要で最重要な、資格は不用のお仕事…はナーニ？
>
> ？ 残業は無制限、予定不能で、不自由で、休日も報酬もなく、
> 　　中止不可の喜び多々の、ハンデイなお仕事…はナーニ？

今日の「母業」には、直接的な利益はまずありません！

まるで神様的に与えるのみで、生活は予定も時間も不自由で奴隷的！
出産の賭けを無事に過ぎても、深夜も授乳やお世話は中止不可能です。
経済的な利益は一切なく、無評価・責任重く・義務多々です。
社会的に断絶的な現場も精神的な負担も無視されているような？
現代の日本社会は天文学的なハイレベルな知識やスキルを手にしながら、その基礎を、さらにこの後の未来を明日を希望の、大いなる恩恵をもたらす母達に、無視しているような？
明日を可能にする次世代を愛し・導き・幸せを祈る母に、なぜ？？
（武力的な優位に甘んじ続けたかの雄達の、永々と続くセクハラのよう

214

な感もあり？）

１．母？

出産すれば母です。が、生みの母より育ての母、とも言われます。
（漢字の「母」には養い育てる「二つのお乳」がしっかりと表されています）
でもベビーシッターは母ではない！　代理母は母？
学歴や資格は無用、今は年齢も制限なし？
母子の絆はほ乳類出現以後の１億年にもわたるとは人類学者・江原昭善のお言葉ですが、卵生でも「母」？

母は無償でいえ損失！して、食べさせ・手間暇かけてお世話し・生存に必要な知識やスキルの教えを身体にやらせて分からせ・分身の幸せに努力し願います。
教えて謝礼を受け取れば「師・先生」です。
心許せて頼れる友人は対等で、選別自由ですが、母ではない！

永遠に宿命の親子に中止は不可能、親の人間性は知らぬ間に伝わり、コピーされ、時にはその死後まで影響します。
死の別れの後にも、子の胸には「わが母」は共に生きているでしょう。

人類には女性ではなく、母が必要です。母のおかげで、明日が・未来や希望があります。成功や生き抜く必要があり、社会や家庭・国家が成り立ちます。（年金とかも？）

（生んで・放置せず・お世話し・ハンデに耐えるのは、幸せホルモンとも称され、女性に多いとされる「オキシトシン」ホルモンゆえ？

お世話させ、授乳中にも多く、その時は早く帰宅したくなるとか？
社会にはとても有り難い筈！　でも昔と大違いで、評価も感謝もされない？）

今日では母を選択しない自由もあり、彼女達の増加も少子化の一因でしょう。非母には経済や評価など多くの利が明確ですが、母すれば、責任や負担の過重・ハンデ・蔑視、加えて、幼な子お邪魔視され感も受けたり…残念な事実です。
（とりあえず敗戦頃までは感謝され、老後も支援され、先行投資的な利もありましたが、今や自己責任のみ？　母１人で育てるのは当然とか？）

少子化に加えて、幼な子の託児化増で、子達が見えず・知られないのか、さらに異端視するかの環境を招いているようです。
（かつての自分の幼時期をしっかり忘れて…）
煩く泣き、甲高い大声で、落ち着かず動き廻り、うっとうしい？
静かに、アッチでしてよ…とまるでお邪魔虫あつかいです。

出産後の幼育が分からず、不安に苦しむママが増えました。
大役を負い、良き支援はされず、成長後の見返りもないかのようです。
ようやくの復職（フランスでは何年後でも企業の義務とか）は幼い吾子を長時間委託しなければ不可能です。
吾子の就学後は非正規雇用のハンデなどで、社会的には暖かさはなく、ワリの合わないこと限りなし！　でしょう？

（身体の成長と餌の取り方のレッスンが育業なら、母のみでも可能でしょう、たしかに野良の動物は出産も養育も殆どママオンリーのようです）

8．母業（安らぎ～ふるさと・港）

家事はロボット化が進み、実生活の便利性やラクを、でも喜んではいられないのです。長い人生の多様な資質化にはマイナス性も多々あって、まとめて教えるようなことでは生存不可能です。
生活体験不足は作業スキル力の低下を招きます。さらに状況認識や判断・予想・推測などにも×になり、暗黙知的な総合的な脳・能力も不足します。
（高度な精神的な人間化には、知識の暗記のみでは不可能であることがようやく認識され始めました。
大人たりうる為の基本スキルや諸能力は膨大で、簡単には育ちません！）

時にメディアは、不運な母ゆえの犯罪をしっかりと取り上げます。
「母」化ゆえの犯罪は無力的で孤立しやすく、ただ痛ましく哀れです！
明日は我が身…的な予備軍の母達も、数え切れないほど多いでしょう。
「母ゆえ！」の地獄の思いに、社会の優しさは不十分過ぎます。

（5年生の我が子の自転車事故で、対する被害者の医療費保障などの判決は、1億円近く！
一体、その父は？
不運な母は、母なる身を日夜、呪わざるをえないかも？
痛ましい！　どころではなく、その我が子まで疎んじかねない！
不運な母になる恐ろしさに、若き日本女性が鈍感でしょうか？）

その不運な恐ろしさ・悲しさを見知れば、出産拒否の選択も無理からぬように思います。
「父」化ゆえの不運や泪はあまり目にしません。
（多くの無職の「父？」の犯罪は泣き声が煩いとか、連れ子への虐待が多く、自己責任を無視のようです。非就労の劣等感に負けて？）

今日の100年もの寿命も可能な人生を思えば、その資質化をになう「母業」はさらに重く、簡単ではない！　でも逃げられません！
(「現場に神宿る」とは弁護士中坊公平の言葉です。幼育はただに「現場・具体」(＋時間)で、言葉や知識では動かせません。吾子の人生に多々寄与し、義務や責任を果たす母業の７年間もまた、人生最高のお仕事です)

２．母業環境の激変

母業の環境や評価も激変しました。
家事も急変しロボット化し、出産の自由化はしません？でしたが、多産は防止でき、ゆとりがでました。

しかしメンタルな母業の環境は悪化したようです。
宗教的な支援はなく、衣食足りても感謝・マナーはなく、人工化の便利性は緩やかな無能化を招き、多様性や異質性はさらに学べないようです。美人化したママには、幼な子のお世話や生活は余りにも面倒で汚れ多々にも感じられ驚くようです。

戦前までの母業は、精神的にはらくだったかもしれません。
後継者たる男子を産みさえすれば、家系は維持され・家業は守られて、母の地位は確立し・強くなり、権力者の秀吉も庶民も「おふくろ様」と感謝し大切にしました。
親孝行の思想や環境・教育に加えて、嫁もまた家来・従者でした。が、待てば精神的にも経済的にも老後の不安はまず少なかったでしょう。

しかし、避けられない出産や過労、栄養不足などで、若い母たちはよく亡くなりました。それで、男性は三人めや四人めの妻を迎え、子どもの

8．母業（安らぎ〜ふるさと・港）

数が10余人も珍しくありませんでした。
子どもは幼時から身近かに、多くの人や個性に触れ、しぜんにコミニュケーションでき、人間関係も学びました。生活技術も多様で見・教え・鍛えられ、貧しさに耐え、自立する条件が整っていました。

生活に欠かせない女性の仕事もとても多く、多忙な暮らしでした。
100年前は種子をまき・綿毛を糸に紡いで布を織り・やっと着物や布団に仕立てられました。平安時代では貴族の奥方でも着物を仕立てたと、物語にあります。
子どもは母の手の素晴らしさに、大人の持つ技術力に、憧れや尊敬を抱いたことでしょう。お正月の着物にと母の夜鍋を待ち・与えられて大喜びし・感謝し、親孝行したでしょう。

食事も冷蔵庫はなく、手間と時間が要りました。
生の材料の下ごしらえに時間がかかり、食卓に３品も４品もありません。お塩やお砂糖も貴重品で、おやつも少なく、待たされた食事はさぞや美味だったでしょう。
しぜんに「頂きます」と手を合わせ、心から「ご馳走様」と感謝したでしょう。

お風呂も一杯二杯と水を汲み入れ、薪を焚いてわかしました。
多くは子どもの仕事でしたが、毎日入浴できる家庭は少ないようでした。
燃えるゴミはすべて乾かして、大切な燃料の一部にしました。

農家も商家も、庶民の母は子どもを世話しながら、男性以上に早朝から日暮れまで、働きに働き・出産し・お乳をやりながら可愛がりました。
（畑仕事の途中で出産して、すぐまた働いた母もいたようです）

親たちの懸命な思いや働きは、子どもたちに努力や感謝を感じさせ、協力や忍耐、生きる気構えや覚悟がしぜんに伝わったでしょう。（教育環境はベスト！）

明治維新後には、過疎地の田舎にさえも学校が建てられました。
貧しさに耐えながら、学べば幸せに生きられる、と信じて子どものために、大金を投じた親たちの思いには胸を打たれます。
自然や貧しさに奔流されながら、親たちは自分をさておき、子どもを養い、通学させました。ほんの敗戦頃まで、途上国のように、義務教育さえ通えない子どもも多くいました。

庶民の母の生活はまるで戦場のような毎日だったでしょう。
一度で良いからぐっすりと眠り、ゆっくり食事をと願ったことでしょう。
多くの母は40代で、もう老ばぁちゃんでした。腰が曲がり、痩せ衰えて、みすぼらしく…。（お化粧・おしゃれナンテどこのこと？）

子どもは母の汗と涙を見つづけて、耐え・よく学び・トライして、世にいう成功者の原点にもなりました。
父が大切な跡取りと甘やかされて育てば、母の苦労は倍増します。
舅や姑に優しさがなければ、奴隷的で不自由でみじめに、いじめられる弱者で終わる、あまりにも痛ましい人生でした。

ひたすら、我が子を生き甲斐にして耐えぬく母を見て、母のために頑張り、成功してようやく親孝行できた、と立志伝によくあります。
また、娘時代は兄弟や近所で、そして子守や奉公で赤ちゃんに慣れ、育児方針に惑う自由もまたなく、母業の精神的な不安は少なかったでしょう。

8．母業（安らぎ〜ふるさと・港）

宿命を生きて悩む暇さえもなく、また、跡継ぎとの同居で、子離れの寂しさも少なかったでしょう。
そして、幼い吾子を残す可能性は、後添いの義母の足手まといになって、世話をかけて困らせたり・嫌われないようにと、よく躾け・家事を手伝わせました。

こうした環境で、貧しさや衣食住に不便不自由が、母の苦労や自然の厳しさが、しぜんにメンタルな母業を支え、子どもの強い「育自力」になりました。
不安や不明に苦しみながら、落ちこぼれないようにとイライラして育てなくても、社会もまた教え・鍛えました。
手を使い・躾られ・マナーを守り・感謝し・忍耐し・鍛えられ、望み、努力できる人間になりました。

そして敗戦後の極貧で、物欲は凄まじく、禁欲的なほど懸命に働き、ささやかな成果に満足し、平和とラッキーを喜びました。
戦中戦後の飢餓や焦土、ホームレス的な掘っ立て小屋など、すさまじい困窮に耐えて生き延びた親たちを見て育った世代は、貧しさや忍耐に、また生き抜くのにも強いでしょう。

過労は希望で支えられ、やがて自家用車やピアノを持ち、ゴルフや海外旅行へと一気に駆け登り成り上がりました。
バブルの崩壊も昔話？　…あっという間に世界中がIT化・日本化です。

世界知らずの島国のお人好しな日本人が、グローバル化の競争の激化、米国の自国第一の政策で、今までの安らかな生活は消えるようです。
今日ただ今の大人の生きざまが、次世代の幸せを決めるでしょう。
今なすべきは、豊かに素質化させて、なおも自育させることでしょう。

3．今日（ハンデ！）

現代の母たちはとりあえず衣食住に不自由は少なく・お化粧もきれいで・時に外食や旅を楽しみ・生活は家電任せ的で、一見恵まれています。
（で、お子は感謝のしようがない？）
戦後の過酷な生活に追われた母から見れば、羨ましく見えるでしょう。

しかし、少子化育ちで与えられ恵まれた娘は、我慢下手のようです。
与えられてなお、労りに甘えるような、自由で、虚弱性も感じられます。
母業の無知無能も、やむを得ない？
長い学校生活の後もすぐ就業して、言葉・知識とルールの世界で生きてきて、何も通じない異星人？　モンスター？　との出会いは衝撃的でしょう。
それなりに自由とお小遣いにも恵まれた生活は、思えばなんとらくで楽しいものだったでしょう、母化までは…。

出産後のまるで別世界に移った感は、ブルー心理も当然かもしれません。
得たものは、お人形に見えていたものとは真逆の異質なモンスター！
いつも離れられず、いつも一緒で、ひたすら求められ・与え・追われ・不明なのに決断し・ゼッタイに延期も中止もできない・息のつまる生活…。（フと、自分は何をしているのか？）

ワーキングママも増えましたが、１歳未満のお子のママは専業ママもいます。幼育は現場・現業で、ひたすら目や手をかけるお世話です。
もしかして、オキシトシンホルモンが本能を刺激して、幸せにしたがる

8．母業（安らぎ～ふるさと・港）

からでしょうか？
幼い愛児を、昼夜を人任せにし・孤食させたり・早く早くと5分さえ急かす毎朝を避けたいのも母性では当然でしょう。

（フランスなど、3歳どころか、小学校に就学中のママでも、望めば元の勤務先に復職が確約されているそうです。ママに優しくて…羨ましい！）

望ましい幼育の数年間は、ママの全心全力のサービスを求めるようです。
安全を見守り、健康や自育する生活習慣化と脳・能力を高めさせ、自育させるには、かなりの気配りと時間を要します。
それらは同時に、お子の21世紀に生きぬく必要条件でしょう。

残念ながら今もなお、人間化に必要な精神的な支援も、母業の学びや理解も不能的です。
誕生後の母性愛で、しぜんに母業がやれるとは、余りにも愚かな幻想でした。
そして無知不明に苦しみながら、懸命に1～2人の子どもを育てても、努力は評価されず、無視的に当然視されています。
（生まれて、食べ物と安全だけでは、しぜんに育た・な・い！　のに…）

母の愛ゆえに、誠実ゆえに、愛児の人間化を果たすべく重い責任を負い、母業の不明や不安に苦しむママも増えました。
人間化の幼時は現場の母の下にあり、学校や書籍は遠くフォローに過ぎず、学・職歴が優秀でも母業OKにはなりません。
吾子が異星人とはつゆ知らず？　大人の小型と見て、言葉さえも通用すると錯覚して、大人のように物言いするのは、ママにも生活体験不足が

影響しているのでしょう。

不運な親業無知ゆえの困難や痛ましさには見過ごせないものがあります。
江戸時代でも経済的に豊かで、跡取り大事の過保護育てで苦しんだ親たちもいたようです。
過去・現在・未来と永劫につづく親の悩み苦しみが伝えられています。また、成り上がりの金力頼みの甘やかし育ての結果を、冷めた見方で揶揄する諺もあります。
しかし、精神的な「ハンデ」や環境は本人の意識と努力で変えられます。学習も支援になるでしょう。
人にはパンが必要ですが、それ以上にまず心です。
パンが半分でも分け合って労り、慰めや感謝があれば、元気やエネルギーになり（と「聖書」にあります）、辛さは半減するのでしょう。

昔の農村と違い、今日では共同作業や仲間が増えることに精神的な喜びは少ないようです。孤立はもろく・過敏で・触れ合わず・もの言わずに気ままに暮らしたい（その場その時のらくな一瞬の平和愛好主義？）ようです。

日本社会の、宗教による神との一体感から遠いことや、自然への畏敬や感謝・リラックスの減少も一因でしょう。孤独による冷淡さで懸命に一身を守り、また、経済的なラッキーによる傲慢や無能も増えています。こうした非共存的な社会では、「育自」への精神的な支援もゼロ的です。
母独りでは不可能な人間化を導く大切な「育自力」は低下の一方です。

次世代者の地位までも見捨てられたかのように、子どもは無視されている感じがあり、邪魔もの無用、飢えても生きられるとか？

8．母業（安らぎ～ふるさと・港）

社会的な意識にも、未来を見る目や準備が不足のように感じられます。

若い母独りに大役を任せて（任せたのなら、何も言えない筈ですが？）、邪魔しないように、あっちでしてヨ…と突き放したように、否定非難をこえて無関心？
良い具体的な育て方をアドバイスしないで、ママに自己責任…？

社会や経済の基盤でもある大切な育業は否定されたかに、直接的には不利益的な幼な子や母は歓迎されないかのようです。懸命な専業主婦や専業ママも不労と見なされ、直接利益を重視する社会の風潮はいまだに強いようです。
（同じ行為を他人にすれば、有償になり、働いている…とか？　稼ぎで評価される？）
吾子を就学させた後の、ママの就職のハンデもその証しでしょう。

４．母業

１）自立ママ（≠託児・シッター）
①ママになってショックの連続？（可愛いお人形ではなかった！）
思いがけず長々と、少し自由なオリに、小さな野獣・モンスター？と閉じ込められたかのように感じることもあります。

会社や学校でのシステム化された、言葉とルールの世界から、異次元的な別世界に突然移されたような思いもするでしょうか。
指導され・ルールを守り・自由やおこずかいにも恵まれた生活から、不明でも次々と決断の要る生活です。責任を負わされる母業は、不明でも学べず・不自由で・予定も立てられず・休養どころか安眠もできません。

赤ちゃんの泣き声で判断など、とても不可能です。でも、ミスれば大事だったり、非難されます。毎日毎日、低レベルな幼な子とのベッタリ生活から呼吸困難になりそうでも逃げられません！

欧米先進国とは違い、社会から隔離されて、他の大人と触れ合わないような、孤立的な夢にも思わなかった数年です！
しかし、愛され守られた受け身の娘が、重い責任にめげない自立ママに変身して、愛児と豊かな人生を送るのも可能です。

②安全を見守り、そして健康や良い生活習慣化のための日々は、気配りと時間を要します。さらに、バランスよく遊ばせ、歌い、読み聞かせ、家事や実体験を誘導し、ミスを受け入れ、是正してやらねばなりません。
さらにさらに、自立や躾・マナーをトレーニングさせ、学習能力や良い感性も育てたい！

お相手は大切な愛児！
暫くは小さな野獣・モンスターで、未熟で愚かで、言葉も通じません。でも、人間のハイ・レベル化に憧れ・真善美を好み、マネ・学習を必死に求めている素晴らしい生きものです。
彼らに良い素質や習慣の資質化をされてこその人材化です、幸せに向かう明日の社会を夢見られるのです。

良い結果を招くためには、かなりの知恵や心遣いも必要なのは、当然です。生活に恵まれた現代ママの母業が、無知ならばきついのも当然です。
人間として、精神的にも人格的にも優れ・知恵や伝統を授け、無上の愛情を与えつづけてこそ！　愛児から親と観られるでしょう。（キツい？）

8．母業（安らぎ～ふるさと・港）

難しいことですし、誰にも一長一短はありますが、それらに向かう思いや努力（＝育自）を見れば、必ずお子は理解します、伝わります。
愛情と若さで、誠意ある母業の、不合理な気ままな幼な子との生活で、考え・探り・待ち・耐え・共感し・強くなり・成果が得られます。
ケースバイケースを臨機よく応対し・認識し・判断し。決断・予測して、有能になります。

やりたい放題のモンスターの成長に応じながら、愛し与え育み、やがてママの人間性も高められます。
互いの幸せを願い、思いやり・努力して、良い輪廻になります。
豊かな人間化に向かい、終生歩きつづける先輩ママを、お子も見つづけてマネし・学び・育自します。良いコピー化・輪廻です。

（幼育体験にはさらに直接のご褒美もあります。ママの人生へのリカレント・学び直しにもなり、さらに有能に優秀な女性になります）

２）禁止
①母業にお子への禁止は避けられません。
「ノー」を知らせ・止めさせ・従わせるのは「愛」です。守護であり義務・責任です。
禁止の第１は危険防止です、即、停止させます。怪我や命が危ないなら、大声どころか身体を痛めようとも、止めさせるのに躊躇はしません。

例えば、１～２歳児のスプーンや箸などの長いものを口にくわえて、歩くなどは厳禁です。禁止に従わないでしょうから、即、「×」を伝えて取り上げます。

２歳児では好奇心で、寝ている赤ちゃんの目を、指で突いたりもします。
お風呂の遊びにも、10cmの水でも必ず見張り、高所に上がるのも用心します。
（洗濯機にも入りたがります。ママのマネで、危険は分からない！）
状況判断も善悪も不明・不可能ですから、「ノー・バツ」の一言を聞かせ、止めさせます。

３～４歳児が１～２歳児を突然つき倒したり、落とすのは厳禁です。
邪魔された・されたくナイ…の思いでの否定行為などです。即、中止で禁止は強制です。
（ただ、３～４歳児では偶発的なミスもありますが叱るべきでしょう）

②第２は他への迷惑や権利の妨害です。
幼児では順番を守り・遊びの邪魔をしない（意識的？）・持ち物を無断で取ったりしない、などです。
１歳児には「待つ」とか「他の物」という意識は全くありません。
迷惑やいけないことも全くわかりません。
無断拝借や妨害などが明らかであれば、ママの一言の「ごめんネ」を押しつけ（トイを返して、理解不能なお子の頭を押し下げて、ハッキリとママの代行OK）ます。

対象が２歳以上の譲れそうな相手なら、「ゴメンナサイ」と詫びさせ・「貸してネ」とお願いさせ、「ありがとう」もハッキリ（親の代行OK＝やって見せ・知らせ、復唱させる・学ばせる）言うことが必要です。

軽くノーを伝えて、さっと関心を他に向けられるのが１～２歳です。
禁止が面白くてくり返す（「遊び」の感覚？）なら、きつく止めます。

8．母業（安らぎ〜ふるさと・港）

（痛い思いによる禁止伝達もあります。言葉が通じない→ペット式OK）

３歳過ぎれば、理由も一言つけ足します。くどいお説教はムダです。
子ども自身を否定と誤解させないように、短く「×！」の一言！
３歳前半までは、「×・ノー」だけでもかまいません。

４歳頃にはノーに加えて禁止の理由も伝えて、少しづつ、理解させます。
認識や判断は、すぐにはできません。少しずつ、ミスも多々くり返しながら、理解し始めます。
５歳以後は理由を話したり、お子自身に考えさせたりも良いでしょう。
（躾も早いのが良いのではありません、ママはらくですが）

③叱るのにも、ゆるめも強めもあり、ときには強く怒っても良いのです！
場や成長など、とても多様で、ワンパターンな便利式はありません。
順番を守らせるなどは時には大人の強引な力で、一瞬で可能です。
ママにらくな言葉頼りの禁止が多ければ、型にハメ込む押しつけ式や口先禁止が案じられます。

ワンパターンの禁止や躾でOKなどは、まずない・不可能です。（もちろん一瞬でOKの場合は問題ありません）
基本は２歳頃から、言葉で伝えますが、いつも即ハイと受け入れる…なんてありえません。受け入れず・イヤがって、いけない状態を続けようとする時は、大人の力で強引にしなければならないこともあります。

他の子の物には、貸してネも言わせます。
「イヤ！」されるなら、又今度貸してネ、とゆったりと引かせ、待たせ

ましょう。（欲しがられると惜しくなり、イジワルするのは大人でもあります）惜しまれ・否定されて、思い通りにならず泣くのなら、一応は慰めます。でも泣き止まないなら、泣かせておきます。待つ忍耐のトレーニングです。

自分で言えず・得られず、ママが頼めば手に入れられそうと、代行を求められても×！（自分のことですから、自分でやらせます。初～２回ほどはやり方知らせでOK。
「大きな声で！」や、「もう一度」などと具体的に指導し励まします）

×で、やれずに泣き寄ってくれば、黙って抱きしめます。（長くても…）過保護にしないために・らくに逃げさせないために、弱い自己を知らしめます、抱きしめて悲しみを思いやりながら…。
子どもの争いに目くじらを立てず、愛児の辛さに溺れないために、いろいろな人間性のトレーニングでラッキー！　くらいに思いましょう。

３）叱る・躾
①「叱る」≠怒るです、×・禁止を知らせ、止めさせることです。
「怒る」のは個人的に感情をぶつけることで、善悪とは無関係です。
禁止！　の強さが、待てない・伝えにくい・くり返し…でつい、ストレートな怒りになりがちです。でも、禁止≠感情です。

「ノー」を知り・分る？　ことは、安らぎです。自由性のキャッチです。叱る多くは、禁止や自分のことは自分で！　つまり自立のトレーニングです。少しずつ・何度もくり返して、ママには不快なノーを続けます。（おもちゃの貸し借りなどでは、２）禁止を参照してください）

やろうとすることを「ハイ！」とすぐ止める子なんて、どこにもいませ

8．母業（安らぎ〜ふるさと・港）

ん。虐待されているお子はイヤなのに従いますが、殆どの幸せっ児は少しでもママを困らせても、退屈防止をしたがります。
なるべく叱りたくない愛情深いママは、辛くてやりきれないでしょう。

でもお子は叱られて、とりあえずは一応泣いても、またまた、同じダ！と確認し、内心では安心して、すぐまた、忘れる！でしょう。
叱られるため？らしい、「いたずら」がやれるのも、愛を信じているからです。（or 確認のため？）

上の子がわざと叱られることや「赤ちゃん返り」などをするのも、叱られて注意される、という形でママの目と心を求めているからです。
叱るときのママは、子どもをしっかり見据えて、見つめて叱ります。
（お子にそっぽを向きながら叱る…は、まずやりません）
だから、見つめられて、嬉しい！のです、安心できます！

無視されず・見つめられ・同じ注意を何度もされ、安心できる悪い子ちゃんは、「良い子ちゃん？」よりもずっと良い環境にいます。
何度も叱られ、叩かれてもまた、同じことを平気でするのも、退屈で困った時などに、ママのお叱り子守唄？　を聞きながらの、ちょっとした思いつきの気晴らしです。（幼な子の脳は退屈大キライです。兄弟がいれば、兄弟喧嘩という手が使えます）

叱るべきはきちんと、何度でも叱ります。（お疲れさま！）
お子は叱られ・お世話されて安心します。（もしかして…されたい？）
どうでもイイ子なら、叱られない……ことがと分っている？（叱られナイと寂しい…辛く悲しい！）

ママはお疲れですが、数年間のことでその後の見返りは多大です、頑張

れ！
（ほんとうに、冷たく否定して叱るならば、一度で恐くて、もう二度としないでしょう。お子は寂しく、「良い子ちゃん」をします）

いつも手助けされ、すぐやってもらえて、それが当たり前の、つまり、甘やかされた子どもは「自分で！」が苦手で、当然無能化します。
してもらえば、即OKで、他を動かせる自分を偉いと錯覚的な快感もあるかも？（幼児性万能感の育成とか？）
でも、スムーズにやれない自分を、ホントはイヤかもしれません…。

②「躾」の言葉にも、真善美好きな人間性の感性があります。
コミュニケーション力と同じように、社会生存に望ましい適応能力です。文字通り、美しく身体（＝動き）を使い（「舞い」とは違う）、自己表現のコミュニケーションです。

自制心や忍耐力・場の認識力が要りますが、マナーよりはやや軽いようです。どちらも共に、人間は行為・行動にさえも自他共に真善美を好む生きものの証しのようです。

ノー・否定をするのが、躾ではない。
お子に早期からノーを多々したり、指示するのが躾けではありません。
（ダメが特技で、大人社会のパターン化・型にハメこむのが良いとすれば、お子は大人しい良い子になります。緩やかな虐待？　自虐化？　自主性×？）

躾はお互いに好ましく、さらに美的？　な見よい言動です。
自制し忍耐もし、必要ならきちんと自己表現することです。
ギブ＆テイクで、お互いにより快的であるようにと努めることです。

8．母業（安らぎ～ふるさと・港）

パターンもありますが、公式的ではありません。
（見せかけ的にママが他人から否定されないようにと、自己愛で幼い子を指示したり、強制したりして、思い通りにすることでもない！）

安らぐ愛情も具体的に一つ一つ示されないと、幼な子には分かりません。応用力はなく、欲もなく、臨機応変もできません！
くり返し、肌や手・声を多々かけられて、やっと、「嫌われてはいない・×のノー」を、何とか渋々と受け入れられます。
（2歳頃は、受け入れには「イヤ・ノー」を主張します。「ハイ・分かりました」は大人でも難しい？）

③否定すべきはしなければなりませんが、喜びよりも「ノー」の方が強くイメージされやすい。必要な強制を、きらいだからではないヨと、誤解させないために、まず具体の愛情の「メンタルミルク」を飲ませることが必要です。

幼な子は否定の理由がよくわからないので、不安になり・怯えて・よく泣きます。（慣れています。お得意です）
いつも大々・大好きを伝える、お子の幸せ飲み物（オキシトシンホルモンみたいに？）が要るのです。
（受け入れてもらうためには、「まず受け入れねばならない？」）
「躾」は「望ましい」ことで、真善美的で快感です。
脱ぎ捨てたままの履物よりも、床に落ちたタオルよりも、きちんと揃えられ・置かれていた方がなぜか快い。
在るべき所に整理されていれば、即、用が足せますし、他の人も困りませんが、実害性よりもむしろ、メンタルのようです。人間です！

挨拶すべし・小さい子は労るなどと、大半の躾は真善美的です。

（挨拶しなくも、とりあえず実害はないのですが…）

躾も社会性適応能力ですが、パターン式で否定し、強制的に叱って、即時急いで、しなければならないことではない。
（ママがいつもしていれば、感化され、やがて同じようにやり、しぜんに習慣化します）

④躾とマナーは似ています。でもパターンはあるようでない。
そのあらわれで躾には親の育て方があり、マナーには当人の知性や理性・人格の裏付けが覗われてしまいます。（隠せない！）
躾の焦りでつい過剰な意識には、押しつけや叱るなどの不快な気持ちがついてまわります。ヤンチャっ子に×が続くと虐待かも、と優しいママは心配になり、かえって甘やかしに？

ノーがイエスよりも多過ぎるなら、子どもは誤解するかもしれません。
ノーが続いたら、後からたっぷりとイエスもして、不安を解消します。
「大好きヨ」とスキンシップや、お膝で読み聞かせたり、いっしょに歌ったり、ちょっとだけの遊びをしてやります。
時間不足なら、抱っこの10秒でも、おんぶの10数えでもOKでしょう。

お子があえて、承知しているのにサボれば、しっかり叱ります。（退屈をまぎらせるために、叱られたい？）
やれるのに、きちんと躾ず、叱らないことも、放置的でゆるやかな虐待です。
躾の基準をよく変えたり（年齢に応じる変更は当然ありますが）、お子を視ないですぐ身勝手によく怒れば虐待です。

8．母業（安らぎ〜ふるさと・港）

自分のした後始末などを、何度もおサボリして、叱られます。
言われてもやらないと、ママが不快そうに叱り、かまってくれます。
ラッキー！　つまり、叱られることは苦痛ではない。（笑いませんが）
幼な子はときに、叱られることで退屈まぎらしをして、楽しむようです。

また、多忙ママを不安に感じれば、わざと叱ってもらえるかどうか、確かめたりします。（善悪も事情もよくわからないので、ママを傷つけるなんて、全く思いません）
そして、全力で遊び、ふと気がつけばクタクタ…、ママの暖かい抱っこが欲しくなれば待てません。もう遊びのアイデアも出ず、ママにスネて・叱られて、退屈やイライラをしのぎたい、ベストな表現も方法も知らないので。そして思い通りのママの反応が出ますし。（「ヤッター！」）

⑤ママは叱りつづけるのにうんざりして、やりきれない思いでしょう。
でも×なことを止めさせるために、自我を押さえるトレーニングは、くり返し叱り、ときにはどなったり、痛くもさせて、ひるまずに躾ます。
短く、サッと終えます。（くり返しますが、多くはウソ泣き的。ドンマイです）

⑥禁止を無視し、大人に従わないのを、そのまま容認すれば、大人を侮りやすくなり、また言葉の意味や正しい価値観が育ちません。
ノーすべきを放任される野良育ちは、内心では寂しく・大人を尊敬できず・不信感を育て、大人の知恵や体験から学べないので大損です。
不運なら、マイペース過ぎて、個性を過ぎた無能な思い上がりになります。逆らう快感を既得権にして、絶対に譲れず・孤立します。

叱られても聞き流して、止めなくても OK だった、という誤った過去の成功体験や記憶は、少しでも少ない方が幸せです。
勿論幼いので、叱らないで「サービス」や「おまけ」もしてやります。
早くやれたネ！　とホントは早くなくても励まし、抱きしめるサービスも必要です。

⑦自立のためには、自分の要求を他の人に伝えることも必要ですが、上の子や独りっ子は下手だったりします。
優しく労られ過ぎて、いつも代わりにママが表現し伝えてやれば、自分で上手くやれません、もしかして、一生も？

他人に慣れず、言葉を使えないのも一因で、3～4歳でも「下さい」や「貸して」さえ言えないこともあります。
必要な言葉を実際に発言させ、くり返させます。（＝トレーニング！）
そして「自分でそう言いなさい（自分のことでしょ！）」です。
ママやって（代わりに言って！）はらくへ逃げさせ、レベル UP もしない。必要な、ママの義務のトレーニングです。

トイの後片づけでは、他の場か、自室か、誰の使用かでケースバイケースです。自分の部屋で自分の物ならば、喧しく言いません。
他の部屋で自分が使ったのであれば、即しなければなりません。
他の人が使ったのでも、場を共にしていたのなら、やらせます。

ときに、落とされた物を拾って、ついそのままボンヤリと持ち続けたなど、善意で触れただけなのに、他から当人のバツ行為と誤解されて、非難されることもあります。
見ていないと分らず、守ってやれず、辛い思いをさせたりも。
「見て・診て・看ぬフリ」が必要で、不当なノーが多いと、不信感が育

8．母業（安らぎ～ふるさと・港）

ちます。
ママや大人を信じられなくなる…ナンテ、ホントに可哀想！

⑧ノーママや命令ママでは、顔色伺い的な良い子になりかねません。
猫なで声で言おうとも変わりません。言い方の問題ではありませんから。
「六つほめて一つ叱れ」とは、このことなのでしょう。
ホメる！ではなく、認め肯定すると解すべきでしょう。昔は安全的で、今ほど幼な子をよく見ていませんでしたから。

できたネ・やれたネと多くの肯定で、よく「見・止め（認め）」て励まし、遊び暮らしながら、ノーすべきは必ずノー！です。
少しくらいならとOKできることには、ノーしません。
否定し・押しつけ・強制がノーですから、最小限にします。

１歳までは危険防止のため、即ノー・ストップの強制が多いでしょう。
それは安全維持で、まだ躾けではない。即禁止で、「だめ・いけないノ！×ヨ」の一言で、強引に止めさせ・説明は無用です。

２，３歳から、ルールやマナーで自立の躾を始めます。
善悪の躾が、もっとも難しいでしょう。
時や場で異なる正義や善悪を、早期から型にハメ込む隷従式では、多様な取捨が不能で、無能化的です。意志や認識力・判断力も×…では、生存力も×！　社会で自立して生きぬく能力が、育たないでしょう。

「型ハメ躾」の口やかましいノーは控えましょう。
大人や他人に迷惑をかけないことは分りにくいので、幼時の外出も控え目にします。

でも大人こそが、がまんできるノーは咎めないで、ほんとうのしてはならないことだけをノーし、躾けます。

ゼッタイにしてはならないこと（＝多くはナイ！）は、正しく年齢に相応して、ピシッと否定し・叱り、押しつけて良いのです。
（勘違いであれば、後から詫びれば、子どもは忘れてくれます）

躾るべきはしっかり躾ることが、脳力も高めます。
して良い OK やノーがはっきりしているのは、お子にも自由で快適でしょう。
叱られたくないのなら、ノーされないようにすれば良いのです。
多忙なママにかまわれたいのなら、いけないことをして叱られれば、安心できます、OK！
（くれぐれも大人に便利なルールを、幼時からパターン化させることを急がないで下さい）

４）多々…
良い？　賢い？　過保護？　虐待？　しているのか、自分のことが分かりにくいこともあります。お子の変化は脱皮多々でめまぐるしく続き、落ち着いて暮らせないかのようです。
他の母子に照らして比較・自省などで、ご自分のミスに留意されるなら、お子にコピー防止できるでしょう。

お子はママのコピー・クローンです。幼時期にはママの × なところはコピーされないように暫くはガンバッて、時にはママも脱皮して下さい。
×の資質化防止が１つでもできれば、必ず良かった！　になります。

8．母業（安らぎ～ふるさと・港）

以下は、気がかりな典型例です
①スマホ好きママはお子に脳力アップも安らぎも信頼もさせません。
ママがスマホを見ている時の、お子の何とも寂しげな表情をしばしば見かけます。見かけるこちらも、胸の痛むシーンです。
やがて、ママをコピーして、お子もスマホ好きに…。
学習しても成果のない辛い学校生活を送るでしょう。

子どものスマホ中毒（CPA）は大人よりも、身体的・精神的な影響が大きいことが立証されています。
サイバー世界は幼時には非テクニカル（タッチだけ！）で、すぐ応答され・待つことはない。身体は動かず、血行×は健康にもよくありません。
対物的で・単調で・刺激的なシーンの連続で、時間浪費は止めどなく、スキルアップもゼロ的です。

アメリカでは友達と直接向き合うよりも、スマホやタブレットと長時間を過ごす中・高校生には、鬱・孤独感・不眠症・自殺志向が増加中と伝えられています。
ときに不眠不休で10時間以上の継続も珍しくないようです。

サイバー空間は余りにも広く・外からは窺えず・不明・孤独的・強力で・興奮を継続させ（ゲーム・特にポルノ！）・対応が困難（孤立的育ちの子どもには特に）などを、
メアリー・エイケン博士（サイバー心理学・2018年）が強く警鐘をならされています。
そして人類には全くの未経験の世界で、国際的に取り組まねばならないと述べています。また、世界保健機関（WHO）はスマホなどのビデオゲーム依存症を疾病（ゲーム障害）と認定しました。

②気分屋ママは変化が多すぎて、お子はどうすべきか、いつも対応に備えて気配りします。ママに言われ・求められたら、即刻応じて叱られないように、内心の準備で、呼吸は浅く・腰は浮き上がり、不安定です。

幼くても見通しや予測ができないのは、安心できません。
そのエネルギーはママの顔色やご気分を伺うために費やされて、マイペースな遊び不足で、意欲や自主性・くり返しのスキルアップなどは無縁です。未来への能力や学習アップに使われねばならないのに。

③否定的な言動の多い・×連発ママは、否定でお子が賢くなると誤解しているように見えます。
やはりお子は安らげず、緊張して疲れやすいでしょう。
煩く不快で、やがて耳を傾けず、内心で耳をふさぎ、耳聡くはなりません。またも否定！され・×され、辛さや悲しみを癒すために、心の疲労回復にエネルギーが消耗され、能力アップには不足かも？

否定慣れはトライ×！　頭を脳も手も使いません。認識もスキルもアップできません。お子が大人しいのなら、待機しているのならじっくり見て・考え、理由を探して、環境を良くしましょう。（一生のことです…）

④言動の不一致、つまり嘘つきママも、お子は安らぎません。
多用でついついと、善意の無意識な・その場対応式でも、お子は戸惑い・無知無能が長引くので、諦め・消極的になりかねません。
（本来のお子は大人よりも人間性が高いかのようで、瞬間記憶し、即定着で長期化も得意らしく、情報摂取がお得意なのです）

違和感や不信感で落ち着けず・集中できず、無関心になり、やがてママ

8．母業（安らぎ〜ふるさと・港）

に似るでしょう。（日夜、知って馴染んだ生き方はお得意でスムーズです）
ママを信用できないなんて！　やがて自分も同じに？

ありがちな、ママの用事でちょっとのお別れにも、泣かれると煩いからと、お子の知らぬ間にそっと離れることも同じです。騙されて不安に追い込むことを、ママがやる！のです。
パパや祖父母に「ないしょネ」も、「悪口を言う」なども、同じです。

⑤物大好きママで、物やお金を第一に評価すれば、次々と新品や目標が現れて、いつまでも満足できません、安らげません。
（やがてコピーのお子も、ブランド品ほしさで援助交際とかも？
ラッキーで良いパートナーと結婚しても、彼に異性をお金で自由にして見下げる感覚や不信感が残り、ホームの安定化に不安があるかも？）

⑥エゴイストや他人任せも、ミスなどの責任をとれない・事実を認められない生き方です。信頼や共感はなく、前向きな生活は難しいでしょう。
歪みやムリ、嘘偽りは違和感や不自然で、やがて必ず現れ・隠せません。やがて必ず他から避けられ、嫌われ・孤立し・仲間にされません。

邪悪に鈍ければそれらに違和感もなく、不運な道（未知）にも気づきにくく、選びやすく、お金やプライドの損失では済まないかもしれません。
多くは世代継承性で、そういうハウスでコピーされた育ち方によるのでしょう。でも、成人すれば自己責任です、自覚すれば治癒できます。

⑦命令ママは我が子を思い通りにしようと、口煩くします。

ママがわがままで、子どもに甘えた、子ども以下のママです。
口煩いと、子どもは自由を感じません。ノーをくり返されるので、またかと聞かず、でも不安で落ち着かず、顔色を見る奴隷タイプになるでしょう。或いは全く、マイペースのママ無視タイプ化でしょう。（聞く耳も育ちません）

「〜しようネ！」とさりげない押しつけも、そういうアナタではダメと言うことと同じです。いくら、猫なで声でやさしく言おうとも。
（お子はすぐ、自分を思い通りにしたいのだと、ママの気持ちを聞き破ります）
マイナス性が伸びるでしょう。

⑧大人の間の冷戦も×です。そんなママを心配で離れられず、リラックスできません。良い子を演じながら気配りして、聞き耳を立て・はしゃぎ・笑わせ・ピエロして座をなごまそうとさえします。

（勿論、お子のエネルギーは成長に有効ではありません。
思春期での非行には、親の離婚防止が原因の１つだそうです。
自分の非行で両親の関心が一つになり、その同一的行動が復縁につながる…の希望による？　何とも痛ましい子ども心です！）

５）過保護（甘やかし）・奴隷ママ
ハイハイとお子の望み通りにすれば、泣かれることもなく、お互いにらくでしょう。
（集合住宅や高齢者宅では、泣き声を非難されて、ついスグ抱いてしまう、などもあります）
すぎた甘やかしは、「過保護」です。自分でやれるのを他にさせたり、してもらうことです。やらなければ下手で、無能化します。

8．母業（安らぎ～ふるさと・港）

甘やかされ生活が肯定され、与えつづけられると、やがて過大に自己評価を高くしてうぬぼれます。（無能なのに…）
エゴイスト化します。思い通りにママがしてくれるのは、自分でやったことではないのに、やったと錯覚します。らくな生活が続き、正常と思い込みます。
でも、一歩社会に出れば、他人を思い通りにできませんし、不可能です。

自分の無能は認められない、でもやれない！
プライドがあり、IQや高学歴、記憶力に優れていても、聡明ではない。やがて劣等感が強まり、いつも不安でしょう。
そんな自分を認められず、現実を承知できない。認識無能で他人が悪く、責任逃れし、反省ができない、学べない。ストレスが強く、自己防衛で緊張し、疲れやすく、辛い日々に。

現実から、無能の事実を日々突きつけられ、引きこもり・ニート化したくなるかもしれません。ママに任せ・頼り・甘やかされて、認識力や判断力は育たず、受け入れ能力も忍耐力も低く、手作業も下手でしょう。
そのように×を資質化された！
習慣の変更はかなりの努力が要ります。

５．「オマケ」≠甘やかし

冷たく突き放せではない！
幼な子は全力で遊び、気がつけばクタクタです。ママの暖かい抱っこが欲しくなれば、待てません。
オマケや・サービスされ・与えられ・安心できるからこそ、ヤンチャを言い・スネて・求めて良いと分かります。（見離されない！と信じられ

るから）

「オマケしちゃう！」とおまけしてやります。ホントは×！で自分でやること。でも「大好き！だから…」オマケしちゃう！
そんな適度（？）な甘やかしも時には必要です。心にも甘ーいおやつが要ります。
（ベストな表現・対応ができるまで、多々経験が要ります！　ミスもOK！）

気配りできる上の子は遠慮し、甘えられない習慣になりがちです。
気配を感じたら、ママから「抱っこしたい！」と抱きしめます。
「大きくなったから、重いネ・またね！」と、大・大好きし、おんぶなども少しします。「おまけ」のサービスもママから。（いつでも、OK！）

甘やかし・オマケを恐れることはありません。今度は自分でするのよ、と一言押しながらOKします。
アナタのするべきことヨ。でも、大好きだからちょっとオマケ、と甘い快感・受け入れが伝わります。緊張せず、安心です。心に甘いおやつは大人でも必要です。

でも、でも、子どもはつけ込みます。
もしも、いつも欲求が叶う、という麻薬や蜜を止められないのであれば、断固とした荒療治が必要です。
要求にいつも応じて、自分でやれるのにやらせず、代わりにしてやり、即、与えるのは、度が過ぎます。過保護です。ホメなさい、褒めて育てよも、過ぎれば過保護で・ウソになります。
（ママがそのようにした！　事実です）

8．母業（安らぎ〜ふるさと・港）

いつも、過剰に褒められるなら、やがてほめられていないと動きません。まもなく、それにも慣れて、何ともならないことにもなりかねません。
続けたり・我慢したり・努力したりなどと、ほめるべき本当だけをきちんとホメます。
口で言わずに、やれたネ・OK！　と暖かく見・止めるまなざしでも、ピースサインの合図でも良い。
（「ミス」には黙って、しっかり抱きしめて、悲しみを共感してやればOK！）

何でもとても優しくしてあげるママ式の、日本の伝統は過去形にしましょう。もしかしてママに問題があるかも？
幼く低レベルの子どもに言いなりで、わずかな努力さえ無用なことまでも、さも我が子のためにして、尽くしている…と錯覚して、満足しているのかも？
永遠の赤ちゃんのお世話で、いつも必要とされ、存在感も維持できます。もしかして、「良い母！」を実感し「泣かせない！」と満足？
（2世代も昔式？）

めんどうではない、時間つぶし的母業かも？
ハイハイと応じていれば、らくですが、主導権は幼く未熟なお子にあります。無能なお子の先はどうなるのでしょう？

導くためには、しっかりと視なければなりませんし、判断したり責任も負います。躾け・叱れば、泣かれて煩く、愛児の恨み顔を見ることになります。ママなら誰もが少しでもやりたくない、イヤなことです。

気が向けば可愛くて、思い通りにならないと可愛くない、と身勝手ママ

もいます。(ペットと錯覚？)
自分以外の人、愛児さえも「ほんとう」に愛せず、義務や暇つぶし的に育てれば、過保護化の放任育てで、時とともに害は大きくなります。
ほんとうの幸せは願われず、ペット的な世話をされ、一時の思い通りで、以後は無能化されて生きる…。痛ましい限りで、ゆるやかな虐待でしょう。

与え続けられるなら、「待って得る（＝自力）」喜びも知らないでしょう。すぐ思い通りにならないことに不満で、わがまま・短気・忍耐×です。
さっさとやれない自分の無能さは、劣等感を育て、無用な怒りを感じていつもイライラする大人になるでしょう。

モンテッソーリの「やらせるのがママ！　してやるのが奴隷ママ」と、名著『ママ、ひとりでするのを手伝ってね！』（相良敦子著）に著わしています。甘やかし・奴隷ママも数年間はお止め下さい。

6．虐待

今日の日本では、幼な子の衣食住のお世話だけでは「虐待」でしょう。
勿論、否定多々も「緩やかな虐待」です。
子ども同士には「いじわる」は多くありますが、個々ばらばらに一度であれば、「イジメ」ではありません。

貧しかった半世紀前頃までは、食べられるだけでも幸せで喜びであり、他の気配りや絆とかなどあまりされなくてもOKでした。
子ども達は屋外で、伸びやかに自然物で遊び暮らして、充分に幸せでした。

8．母業（安らぎ～ふるさと・港）

たとえ日暮れ時に、労働に疲れた大人たちに、つい邪険にされても、楽しい自由な遊びに満たされていて、すぐ忘れられたでしょう。
でも、今は変わりました…

①「いじわる」は「ノー」の行動化です。幼な子どころか大人や高齢者でもします。よくない、反美的な言動ですが、一時的でお互い様でもあります。

「イジメ」は悪質です。自己の言動で相手を苦しめる目的があり、憎悪し意識してやります。刑法上の犯罪も同じで、過度の否定で自殺に追い込むなど悪性多々です。ハンデな育ちの悪い人間の歪みです。

「虐待」は相手が逃げられない弱者！と知りながら、継続する「イジメ」です。往々にして、密室ハウスでくり返されます。
自覚のない親は、言うことをきかない・従うべきをしない（＝子ども！）への勝手な怒りで、無意識的に継続することが多々あります。
（防犯に、イギリスではカメラ・韓国では申告義務・アメリカでは目撃には警察へ訴えられるそうで、日本は優しい？のでしょうか）

②お子の表情で、愛情や安らぎの飢餓性が分かります。
幼いながら、求めても暖かな応答がなく、お乳もエサ的に与えられ、まるでモノのように扱われるなら、歓迎されていないとわかります。
ママの肌もきっと堅く・冷ややかでしょう。やがて、小さいのに自分で自分を守らざるをえません。

のんびりと楽しくあそび、集中やリラックス…どころではありません。
欲求を押さえて、少しでもキラわれないように、ママという人の顔色や気配をいつも伺い、お利口な良い子ちゃん化します。

笑ってなどいられず・リラックスもできない・笑顔の少ない・緊張した固い表情になります。

③日常的に暴力・暴言を受け続けると、やがて前頭前野が萎縮して、常に危険や恐怖を感じ、問題行動やうつ病的になる。
また、聴覚野の異常で心因性難聴や視覚野の容積低下で記憶力が低下するなど、のハンデが立証されています。

幼な子が暖かくお世話されないことや、心ない義務的応対も「虐待＝心身ともに生存力低下」です。誕生後のベタベタ・奴隷的な関わりが必要絶対条件です、「愛着」は生存させる現場仕事です。
誕生後の肌や手・声かけや応答が少ないと、早々と諦め（それを学んで）無表情・無関心になりがちで、孤立好きになりかねません。（→ニート化？）

或いは嫌われている？　と誤解して、不安でおびえ・怒りやすく、自己防衛で強情になりがちです。急に抱かれると驚き、拒否さえ…します。（逃げたら追っかけて・追っかけて抱き「しめ」、「大好き」と言い、誤解を解かねばなりません。勿論何度も、です）

そして心のことなのに、筋肉も緊張してこわばり・血行が滞り・疲れやすく・イライラして、体調不良や罹病しやすい（「病は気から」）でしょう。幼時の放置・ネグレクトは虐待で、心は死にそうです。
以後の痛ましい、孤独な、独りよがりしやすい人生が案じられます。
（人生の目的を「引きこもり」や「ホームレス」の子どもはいません！）」

④打たれ、熱湯をかけられ、骨を折られても、子どもたちは自分がした、と医師の質問に答えるほどです。幼い子どもを飢えさせたり、憎悪

8. 母業（安らぎ〜ふるさと・港）

で打ちつづけた親なのに、施設では、その親の訪れを待ち続けます。

親からどんなに逃げ出したくても、ピリピリと疲れはてて熱を出しても、行ける所はありません！
親を求め、その気持ちに沿うことで、ようやく生きさせてもらえる、と知り尽くしているようです。

だからこそ、愛情によりすがります
無償の親の愛は、自分が飢えても、子どもには食べさせ着せます。
暖かく守り、安眠させます。労り、慰め、楽しませ、導いてくれます。
大好きと笑顔で子どもの存在を肯定し、共存を喜んでくれます。
不安を和らげ、発達や成功を喜び、幸せを願い祈ってくれます。

それらが、わかっているのです！
欲しくて、欲しくてたまらない、安らぎが欲しい！
自分はダメと自分を責め、不用な劣等感に苦しみます。

自己防衛や自己主張のバランスがわからないのは、知らないから？
優しさ・与えすぎ・謙虚な控えすぎを求められ、分からないままに自分を押し殺して、諦めます。「過ぎる」ことが分からないのです。
一方的な偏りで、落ちつけず、程良い場・位置を知らないのです。

⑤愛されなかった自分が、なぜ我が子を愛さねばならないのか、と苦しむママもいます。でも、命を与えられてお子もまた、愛されないと愛せない、与えられないと与えられないのです。（学習で修正できます）

母なれば、「責任」をまず果たさねばなりません。
愛情に飢えている、と幼な子に思い込ませるのは、刑法に触れない犯罪

的な行為とさえ思えます。
与えられず・貧しくても、それでも「愛し・与える」のは、人間性の最高の行為・マナーです。ご先祖はきっと喜び・褒めています！（やがてお子と長い幸せの時がきます）

愛していてもママは、分らないだろうとつい軽んじて、誤解させ錯覚させてしまうこともあります。多忙でうっかりが続いたならば、ゆっくりできた時などに、ごめんね！をして、強く抱きしめて、不安を解消させます。
ママの愛が、そう受け入れられるようにしなければ、幼いお子には通じません。
（不運なら、誤解や思い込みが長く続き、親子の絆にもマイナスになります）

典型的な例は、下の子が生まれると即時、上の子を「大きい」と感じて、お世話の手を抜く場合です。２歳の兄や３歳の姉は、少しも「大きくない」のに。

兄弟を公平に遇することは、愛の証とお子は受け取り、歪み防止にもなります。放置やズレ多々でも訂正がなく、そのまま続けば、お子のトラウマも維持され、時に拡大します。（お薬はない？）
愛情を疑わせることは危険です。思い込み去れば、２度と戻らないかも？

もしもママや大人から、日頃の接触も優しい言葉も励ましもナイならば、子どもには無関心や無視と感じられて、否定と受け入れます。
まるで衣食住と通学だけ？テストの結果だけに関心を示す大人を、どうして信頼できましょうか。親だと慕えましょうか？

8．母業（安らぎ～ふるさと・港）

（親や大人との触れ合いで・スキンシップや会話で・共感や共存で、愛情が確認されます。幼い子どもはもちろん思春期でさえも、具体性が必要です）

さまざまな人や場に、多様や異質に楽しく触れると、誤解を防止しやすくなります。
困らせ、少し驚かせもして、さまざまなケースに出会わせましょう。
同じ人でも、同じ場でも、まったく同じ対応はありえません。
人の心は見えず、触れず、高度で複雑で微妙な世界ですから。
ママがいっしょなら、守られ・慰められて、つまり愛されて、すべてが心や知性の栄養になるでしょう。

⑥虐待防止とまでは申せないかもしれませんが、幼育の誤解や無知による虐待性の減少のために、どうかかつてのような『幼時愛育』を全ての大人に心して頂きたい。（奴隷的ではなく！）

人間の子の胎児的な1年余から始まる幼時期（7年間）の、無知無能・不自由性を、迎えた大人の、あるいは明日を託す大人として、よくよく思いやって下さい。
厳しさの増す21世紀の大変動期を、より高度化する人間に育て上げて生き延びられるために、幼時期の母子の絆をより強めさせて下さい。その環境維持にご協力下さい。

（幼時期の不充分な愛情は、心身ともにハンデで、過ぎれば修正は困難です。臨床精神科医リチャード・ダンブロジオは『ローラ、叫んでごらん』の書で、フライパンで焼かれた少女の回復には、多くの人達の何十倍・何百倍もの優しい暖かなエネルギーと時間が費やされての結果と伝えています。

真善美に導かれず、孤独で多様性を知らず・異質性にもろく・劣等感の思い込みやわがままで他を妬み、憎む生きざまになりかねません。
不幸な人生に導くのは、避けられるのです。
幼時期のママの特権でしょう！　後になるほど、ご自分を「誉められる」でしょう！）

7．食べ物

食べ物も激変しました。
とても簡単に、いつでも美味しいものが手軽に食べられ、喜ばしいことです。人類が求めた理想の一つです。

しかし、その便利性もやはり、大人の無能を見せることになり、お子からの尊敬や評価、感謝を弱めます。
待ち満たされる喜びや与えられる信頼なども減少するでしょう。

近年はアトピー症・アレルギーのお子が増えました。痒みは痛みと同じ辛さといわれ、お子が自らかきむしって症状を悪化させます。
お子の不快な痛ましさに、ママの思いやりやお世話がつい過剰になり、やがて過保護な奴隷ママの親子関係性が強められます。
日夜長く続く気配りに疲れはてて、ママはお子を避けたくなりかねません。
そのマイナスも防がねばなりません。

(「寄生虫」の排除がアトピー症の増加？　有効かどうか不明ですが、でもせめて、幼時期には少しでも屋外あそびで、土にもなじませましょう。多くの微生物が味方してくれるかも。また、ママ化する女性はご自分を大切にして、良い食品を召し上がれ！

8．母業（安らぎ～ふるさと・港）

祖母化なる大ママも娘に良き食品を与えねばなりません）

調理を一緒にして・知識や技を見せ・伝えて、触れ合います。
好き嫌いさせずに、バランス良い食事で健康体化させ・季節の変化や・食卓のセンスやマナーの良さなども感性にプラスします。
なによりも大切な食卓の会話では、毅然として生きるべき苦労にある大人が見られ、伝わります。
信頼し尊敬できる親の子どもは、安らぎ、よく伸びます、幸せです。

独りぼっちの孤食は、世代間の断絶や不信さえ招きかねません。
食べさえすれば良い、のでは感謝ゼロも不思議ではありません。
たやすく手に入るものは見下げられやすく、大切さも理解されません。
大人として、親として食べ物の自給率や品質にも考慮しましょう。

先進諸国では自給率の増加に努めて、安心できる食生活のようです。
水と緑に恵まれたこの日本で、なぜか添加物取得量が世界一との恐ろしいことも耳にします、ゆえのアトピーっ子なのでしょうか？

今の元気な高齢者方の若き日には、無かったものです。
次世代や明日のために努め、協力しないのは、野良の生き方です。
日本社会は子どもを守り保護しうる義務や責任を、食糧的にも果たしている、と言えるのでしょうか。

グルメ騒ぎは、食べ物の贅沢や我がままを招きやすく、調理する母への感謝はさらに失われ、味覚や見た目の美しさをよしとする傾向がさらだにあります。いわゆる、その日暮らし的な、一時の気晴らしを良しとする、社会的な歪みの現れとも感じられます。

我がままやインスタントものは、偏食になりやすく、先行きの習慣病になりかねません。(子どもに「2型糖尿病」が増えているようです、一生医療の生活では不自由で、あまりにも可愛そうです)

また、よく噛まないのではなくて、噛めない子どもが増えています。
脳にも、歯にも身体機能にも影響します。
虫歯の多い子どもはコミュニケーションも下手というデータもあります。小言を聞かせながら、あるいは、親の偏食などのわがままを見せ（コピーさせ？）ながらの、やがては家畜のような孤食をさせてはならないのです。

楽しい食事なら、よく噛み、免疫力の高い唾液も充分に出ます。
ほんとうの食事は、背中もしぜんに伸びピンとして、マナーや偏食も糺されます。
(手を合わせ、「戴きます・ご馳走様（日本文化）」をし、残さずに…)
大人の会話からさりげない社会勉強も積まれます。大人の社会的な責任

8．母業（安らぎ〜ふるさと・港）

を知ったり、多様な生きざまをうかがい知って、尊敬や信頼の親子関係になります。親なれば！　心して食卓に向かいましょう。

「見えないこと！」を私たちはしています…

幼な子は姿や外見は、誰にも見えます。
食していれば！　子どもの見かけは大きくなる。

でも、きびきびとタフか、多様に他動出来るか……
見かけ、では見えない、わからない。

まして、心や脳は、見かけでは見えず、わからない。
イイエ！　見ていても、わからなかったりする！

ハキハキと誰にも挨拶できるか
年相応に、自分のことがきちんとやれるか
対面して怖じけないか
時には「ノー」も、誰にでもしっかりと言えるか

笑い、よく遊ぶか
好奇心があるか
すぐ諦めないか、やりとげるか
我慢できるか、続けられるか
気配りが出来るか、譲るか
自分を大切にしているか…

母たちよ、幼な子をこの地に招いた重責ある者たちよ
彼らに幸せな子どもの時代を過ごさせているか
安らかな時を、伸びる楽しさを、共に生きる喜びを与えているか

多々なる見えず触れられない、在るものの膨大な価値を思え！
急ぎ、休まずに……

神谷明彦東浦町長様

平成31年2月18日

『自主保育のご支援を2019年度予算案に盛り込まれたことに感謝します。このような政策が全国に広がることを、切望します』

委託せず、公費も受けない家庭での自主保育（母子の絆が強められ、お子の生存力が強められる）の母達にも、暖かいご支援の第一歩を賜り、深く感謝申し上げます。
（議会は拒否され、残念でした…）

　※0歳児の委託費は、1児に30～40万円／月と言われます。
　　つまり委託児には公的な支援費が80％以上ですから、家庭保育の母は、国費節減に多大な貢献をしています。
　　例えば就学までの数年間を、母下で幼育したならば、その貢献費は1千万円余にもなります。さらに、施設費等の削減にもなります。さらにさらに、愛らしい幼な子の姿が地域を賑やかすでしょう。

　　（勿論、幼な子の保育やお世話のレベルや質には大差はありえません。
　　一世代前までは多くの幼な子は母を求め・愛され、その下での戯れでよく成長しました。
　　ヘッドスタート計画をはじめ、その他で多々立証されています）

　　ゆえに、多様な母業への公正なご支援を開始戴き、深く感謝申し上げます

9. 知郁あそび（＝就学準備）

1. 知郁あそび（≠知育）
2. 学習能力
3. 言語
4. 数
5. 言語・数あそび
6. 外国語

１．知郁あそび（≠知育）

教育も学校も、社会のシステムも、人の幸せのためにあります。
またヒト化は共感・共存で進化したので、「独り」でOKではなく、書物や芸術・建築・システム・文化などの全てが、他者からの贈り物です。

「**知性**」もまた、ヒトの特徴的な感性です。好奇心で疑問の不安を解消し、認識し・理解して思考・共感・共存・自由で安らぎを得られます。見られませんし、外から与えられません。自力で得るのみの、とても高度で・広範囲な・総合的な、知識と思索と感性の世界です。

知的であれば、状況判断にも優れ、判断ミスも少ないでしょう。そして、自由性は１つの固定概念に執着せず、相対的な視点で速やかに善い判断ができ、人生の支障を防ぎやすくするでしょう。

現代では「知性」は「間接的な強い生存力」とも言えます。
半世紀前頃までは「読み書きソロバン」OKで、何とかご飯が食べられたのに、今や大学生が50％余の就学期間の長期化はその現れで、基本的な学力の重視だけでは不足です。

（中年も含めた「引きこもり・ニート」は今や70万いえ100万人とも。
やがて、１年間の出生児全員に該当しかねず、放置できない社会問題です。
通学不可！と思い込む原因の一つに、学力不足があります。授業の進歩はさらに早く、休学すれば日々の認識理解が困難になります。
楽しい通学も、難しくなるでしょう）

9．知郁あそび（＝就学準備）

いかに、通学を肯定させうるか？
いかに、就学準備を調えるか？

事前に授業内容をキャッチさせ、記憶させればOK？　いえ×でしょう。
事前に承知していては、授業がさぞや退屈で、ときには教師を下げずむかも？
着座・聞く・考える・認識するなどの、諸能力が必要です）

言語理解の不能な幼時ですが、そのための予備学習が感覚・感性の五感の遊びであり、やがて、体験で言語理解を、さらに見えず触れられない世界をもキャッチします。
（知性は高度で、基礎知識のみの暗記記憶では不可能で、ホントの分かり知る楽しさもナイ。まずは基礎学習の定着が必要…だから「義務教育」でしょう）

今や、スーパーやコンビニ・冷蔵庫やインスタント食品・TV・ゲームにパソコン・スマホなど、独りでも生活は可能です。
情報の獲得も手軽に安く多く得られて、社会生活には困りません。
しかし気楽なマイペースは、社会性や教養・知性が未熟になりやすく、つまり「人間力」の低い生活環境といえます。

１）遊びで、自由に…
知性の殆どは言語（母語）で感じ・思い・考えますが、同時に他者との関わりでもあります。的確に使うためには、知識を基本にして事実の確認・比較・相互性など感覚や学力が多々・高度に必要で、知識の記憶だけでは不可能です。

またさらに、総合的にイメージ・思考して、理解・判断して、やがて見知ることに触れることも不可能な４次元的な世界も認識できます。
先人の積み上げた素晴らしい人類智をプラスして固定資産にできます。

しかし、幼な子に知育はできませんし、単語や名詞を多く記憶すれば良いのでもない。言葉知らず・知識不足ですが、見・聞き・触れるなどの感覚で分かり、言葉に結びつき、初期の知識や理解が増えます。

分かり知るのが嬉しい！のも、ヒトの特性らしく、体験の事実（ホントウ！）の情報のインプットが多々必要です。
まずは赤ちゃんにもよく声をかけ・会話し・歌うことが大切です。ヒトの対応や受け入れになじみ、潜在的な学習予備力になるでしょう。

例えば、「真中」といっても、縦・横・平面・空間のいずれのも分かることは、１～２度の言葉を聞き・示されても難しい。言葉を正確に分り・認識できるのには、くり返しの経験が多々必要です。

「白」の発音と文字と白い物を見せれば、理解したのでしょうか？
いえ、「赤」や「緑」などと他の多くを知り、比較などしてこそ、「白」の意味を知り理解でき、使えます。感覚や体験で知識が高まります。

人類智である言葉の使用は、見え・知り・分かり・具現化できても、複雑で・ケースバイケースで・微妙で高度です。愛情や感性、総合的な知性は暗黙知でもあり、４次元的で人と人の間に在り、瞬時に動きます。

先人の膨大な情報や知識・真善美的な思索に、実体験などと重ねて知恵化し、やがて高度な感性や豊かな知性の人間になります。
複雑で・多様で・高度な文化や知性的な哲理を、脳はさらに高めようと

9．知郁あそび（＝就学準備）

しているようです。
遙かで、たやすくはない知性も自力でキャッチするしかない。
その序は、知識の暗記よりも、遊びの五感から得られる多くのことから芽生えます。

一般的な早期教育とは、より早く知識やスキルを高めることでしょう。
（「ミスエデュケーション」という著書もあります）
幼な子は大人の顔色を見て従い、くり返せば一時的に記憶します。
しかし、意味不明な未知の名称記憶やトライは押しつけで、どこか不快です。
内心は喜べず、吐き出したがっているかもしれません。

10や100まで数えるようにトレーニングしても、口マネです。
理解ではなく、12の数を11や13で数え終わったりします。
お子達の遊びならOKですが、ママの押しつけは、遊びではありません。

般若心経などのように、一生かかって取り組むほどの深遠な哲理や教義なら、知れば有益です。まずはマネさせ・押しつけて・記憶保存させるやり方もあります。いつか人生の折々に導かれ、感動させられるならば、この暗記の最少の強制は役立つでしょう。

２）母国語第１！
思考は母国語でされ、日本語の習得は容易で分りやすく、自習しやすい。（母国語はその風土から生まれ、感性などの一致感でしぜんです。ふんだんで、習得が容易です）

モノと言葉が結ばれると、いわゆる正確に感性で「分る・知る」ので、

お子は喜び、情報は速やかにしっかりと入力します。受け入れの意思で学習や記憶は楽しく速やかです。

暗記は基礎学習の大部分で、確たる真実性での強制は許されます。
しかし、しぜん的になじみ分る一般的なことを急いで、押しつけ・思い込ませるのは避けます。
幼時の詰め込まれ習慣化は、絶対に正しい唯一的な丸呑み感覚になりやすく、誤解しやすく、自学性も少なくなりかねません。

地上は３次元の世界で、上下・左右・前後の６面的な視線のいずれも正しいのです。相対的な見方は、正義や善が多々あり、視線や思い込みを替えられ、生きるのにも軽やかです。
抽象そのものの数でも、25％＝90度＝4分の1＝0.25と多様に表現され、全てが正しいのです。
逆に分数の全てを1！　と捉える感性も、相対性の裏返しでしょう。
幼時に強く思い込ませるのは、単純で認識不足性の育成にもなりかねません。自力で思い考えさせない性向化にもなりかねません。
実感や体験はお子の一つの事実で、ホントウですから、賢い認識につながります。

（母国語を分かって・知ってから、新たに照らし合わせた方が、外国語習得も容易で、記憶しやすいでしょう。
日本にも俳句・短歌・詩文・諺などの宝物ともいえる言語があり、言葉やリズムを楽しんでほしいのですが、暗記の押しつけは避けるべきで、忘れてもOKです。
触れた…だけで、脳のどこかに残るかも？

即必要不可欠ではなく、やがてやれるようになることを急ぐことはあり

9．知郁あそび（＝就学準備）

ません。
まして、ママや大人の安心や喜びのために、であれば×です。自力の獲得の方が楽しい！）

就学後の知的な学習の前には、まず具体的に一つひとつを感じ（わかっ）て、くり返して確かめ・やれた自分自身に安らぐ…、つまり、遊びながら、知性的な感覚に慣れさせます。
ミスもミスして、ミスがわかり、納得できて安らぐなど「基本認識」ができます。覚えなくても、忘れてもOK！
（シュタイナーは「忘れて良い！」と語っています）

キライ！と思い込めば、受け入れしにくく・レベルアップしづらく、続けばできないので劣等感育てになるかもしれません。親の願いに応えようと、子ども心にムリをさせないように、大人こそが気遣います。

（もし塾に行くなどの外出がママの気分晴らしなら、ベビーシッターにお子を頼み、堂々とご自分の独りの自由な時間を憩い、楽しみしょう。友人と託児を交代しあうのも良いでしょう）

子どもに未知の世界へガイドできる適任者No1は、ママです。
遊びで触れさせ、下手でも・ミスっても・忘れてもOKならば、押しつけではなく、安らかで感性が豊かになり、適度な刺激です、脳の好きな食べ物です。

子どもの時にこそ、多くのミスやたっぷりのトライが可能です。
やれない辛さやミスも体験であり、ママのお膝で即、癒され、ケロリと忘れて、劣等感やトラウマにはなりません。
仲間のミスも見知れば、さらに自信もつくでしょう。

２．学習能力

机に向かう勉強は・読み書きして・記憶し考え・解くこと…で、それなりの学力は付きます。しかし学力は、30分や1時間でハイ終りではなく、義務教育さえ9年いえ12年的で、大学を含めれば16年以上の学業です。
学習させ学力を高めるためには、学習能力が有用です。

ようやく学習≠多暗記と理解され始めましたが、学業の開始にはまず、「**着座の継続**」が必要です。10～20分ではなく、授業では50分間の維持継続が必要です。着座慣れは疲労感が少なく、集中もしやすいでしょう。
（体力も要ります）

正確な「**聴力**」は脳への入力やイメージ化を速やかにしますが、集中力が必要です。
耳聡さや「**目敏さ**」は正確に効率良く認識でき、記憶も速やかでしょう。
「**読書**」も学力アップにとても役立ち、ガイドにもなります。
「**好奇心**」の強さや「**忍耐力**」もプラスします。
腰を落ち着ける習慣も、てきぱきした「**手作業力**」も必要です。
「**向上心**」や指摘されたらすぐ応じられる素直さは「**修正力**」になり、前向きな「**自主性**」にもなり、学業にプラス多々です。

全ての学習に共通した基本能力は、身体機能的・習慣性でもあります。
脳力や記憶ばかりでも、トレーニングや意欲だけでも不可能です。

学習を価値あるもの、知ることが面白いなどと、前向きにやれるなら楽

9．知郁あそび（＝就学準備）

しく進み、好きこそものの上手なれです。
自力で解けた成功感は、自信や喜びになります。ますますよく見て、よく認識し考え、あきらめず、集中し、努力し、閃くでしょう。

栄養不良の身体や寝不足では、酸素やエネルギー不足など支障になります。
1〜2度ならばラッキーやムリもできますが、学習は長期で・多量で・大切なお仕事で、今や生涯的な義務のようです。

良い学習的な習慣は無意識的に学習能力を高め・維持させ・エネルギーの消失も防げます。
絵本好きであれば、読書も好きになるでしょう。
書物は人類が何千年とつみ上げてきた多くの哲理や知識の結晶体で、とても膨大です。
美的な言葉や思想が溢れ煌めいています。
一流の学者や政治家又芸術家でも、読書で学び、研鑽されるようです。
（触れ・知れば、人生に多くの感動も得られ、豊かになります）

きびきびと自主的にやれるなら、ワカラナイとすぐ助けを求めて、聞けばよいと人を頼りにはしないでしょう。
好奇心で・自分が考え・調べ・正解を見つけた方がずっと楽しい！
納得して実力や応用力がつき・自信が自己肯定し・積極性を育てます。
つまり、生きぬく強さや気力になります。

手遊びや家事手伝いも、しぜんによく見て認識します。
手順がよく、計画性や作業力にもなり、つまり、ノートを上手くとるでしょう。

能力アップのお薬はなく、スキルは自育的ですから、つまりは幼時の遊び多々（＝マネ・学び・閃き・自由・具体性確認）です。
幼時の実体験での情報や認識は、初めての感覚が身体記憶的に楽しく、脳への入力度は高いでしょう。

言葉や意味を知らなくても、五感で具体的な実感は「分かる」のです。「分かる」は楽しく、くり返せば記憶は定着しやすく、体験が知恵化させ、応用力にもなります。

幼な子はわずかな発見を喜び・好奇心の満足と知識増の確認を楽しみ・日々伸びやかに自育します。大切な学習のトレーニングです、刷り込みであり、習慣になります。
（親の学歴や職業・経済とも無関係です）

もちろん、喧しく煩い場では落ち着かず、テレビ馴れしていれば、コマーシャルなどで集中時間も短くなり、学習にはハンデでしょう。そんな環境のお子は哀れです。

知郁遊び

学習能力は幼時からの良い習慣や健康が大きく影響します。
入学後の2～3年間が必要な習慣化でも、幼時ならしぜんでスムーズです。遊びで、記憶・聴力や認識力、感性や意欲が高められます。

9．知郁あそび（＝就学準備）

手あそびで、着座や手作業も身につき、閃きます。
ママの早口やくどくどのくり返しが少ないなら、心理的な否定はなく、よく聞き・キャッチし、認識し理解します。
おやつでも、おせんべいを３枚や大小３枚ずつと知らせば、やがて数や分類・比較に馴染み、ふかふかパンでは触覚や分別力が育ち、会話で表現力がつきます。

読後の絵本や汚した物をキチンと定位置に置かせば、分類の理解の始まりです…。

影響力の第一人者はママ、さらに遊び仲間で、なすべきことは僅かな数年間に凝縮します。さりげなく・遊び的にやらせます。

３．言語

１）日本語の文字

は、平仮名と片仮名の一音一文字で、わかりやすく・発音や綴りの単語の暗記学習は不用です。
漢字で３種類に、いえ英語の言葉も使われ、文章は認識しやすく、自学自習にも向いています。

漢字は絵画的で、見て一瞬で意味がわかります。
「あ・め」と読むよりも「雨」や「飴」・「天」と見れば、一瞬でわかり、イメージで右脳が働きます。ルビが振られるなら、いくらでも自学自習できます。
読書効率が高く、情報多々なすばらしい伝達力です。

英語は綴りと発音を別グループとして、丸暗記の学習が必要ですが、日

本語は３（４）種類の文字で簡易明瞭、組み合わせも OK で、語彙も多く充実していて、学習は速やかです。
（３歳や４歳頃の質問魔に答えているうちに、しぜんに文字を知って覚えてしまうのは遊びです。忘れて OK！なら、押しつけではありません）

右脳を働かせる幼時は、見て・触れて（聞いても？）一瞬で全てを写しとります。
そのよく視るべき時に、文字にばかり目を向かせたり、左脳を働かせては、バランスの良い脳力にはなりにくいでしょう。
（文字に早くなじめば良い？　とは思えません。
実体験のない、意味不明の言葉を言えなんて、オウムのまね？）

音楽は言葉が意味不明でも、メロディやリズムが身体的な快感を与え、くり返しで入力しやすい。聴力が伸びるのも、嗅覚や味覚も幼時です。
瞬時に消える言葉を、正確に一瞬で聞きとるためには、集中力や安らぎが必要です。
美しい日本語を聴かせて、リズムを楽しませ、集中力を高めましょう。
微妙な優しい響きも、言い辛い表現も、やがて脳でイメージと言語がよく交わされるでしょう。
暗唱遊びも歌の変形でしょうか、語彙も増え脳力を高めるでしょう。

２）書く
クレヨンの先あたりを正しく右手にもたせます。
（シュタイナー学校の１年生は文字の学習を、クレヨンでお絵描きのように始めるそうです）
カナも漢字も書き順は左から右へ始めます。
書き順が正しいと書きやすく、早くてミスも少ないのです。
（年長児から鉛筆は必ず右手に持たせます、できればお箸も）

9．知育あそび（＝就学準備）

描き遊びで、波や直線・丸などをさまざまに描かさせて、筆力を高め、思い通りに線を引ける手にします。点線をたどる遊びは、粘り強くなるかも？
鉛筆（B or 2B）を持たせるのはなるべく、就学1年前の年長児からにします。

文字の学習前には、聞かれたら答え、忘れてOKの遊び対応です。
教えるのは就学を意識できる1年前からが望ましく、指でなぞらせたり・空間や机上にも大きく書かせます。わかっても・読めてもやれませんし、書けません。
緩やかなトレーニングが何度も必要です。

年長児の4月から、初めはホワイトボードに1文字を大きく書かせます。（大きいとよく分かり、小さくなってもきれいに書きます）
初めから上手！を願って煩いと、きらいになり、時間がかかります。
焦らず・1年後に・6ますノート、そして8ますにしましょう。

一番難しい平仮名が書けると、片仮名はすぐ憶えられます。
平仮名は1年生の夏休みに、毎日51文字の練習で、きれいな字にさせます。

いろいろな言葉の遊び（＝自分で考え・思い出すなど）を楽しませましょう。
イメージすれば、脳力が高まります。
（記憶させ・教えようとしないで！　すぐやれなくても、続けていればできるようになります）

4．数

1）抽象性

「数」こそは抽象の世界です。（近年、大学生に少数や分数さえできない人もいると話題になり、案じた教授方が出版され、警告されました）
3や706とか、9分の2や45度などのそれ自体のものは、どこにも存在しません。
数えきれない変化多々な状況の情報で、本体はなく・触れられません。

状況の表現で、具体的に一つ二つ説明しても、すぐ八変化しての固定不能で、大小や量・形のさまざまを認識や理解するのは、子どもはとても難しいのです。

（抽象でありながら、各々の表記は相対性ですが、子どもは混乱しやすいのです。さらに、万物を「1」と捉え・表現する分数こそは、まさに抽象の極みです、理解は難しいのが当然です。
文字の「あ」は「あ」で固定し、見せ・知らせられ、具体ですぐ分かり、表現は大小程度の変動です）

また、数字は**量**（平面・体積・軽重…）を現わすのが主でしたが、今や**記号化**が多くなりました。1音1字の文字と違い、二つの意味を表わします。
二面性で多くの抽象・相対性が、さらに子どもを混乱させます。

（1例で、アナログ時計は7時なら7つの音が響き、耳で知りえました。
目でも知らせ、時の経過も分かりやすい。
デジタルでは数字が変わるだけで、時間的な感性も育ちにくい）

9．知郁あそび（＝就学準備）

記号化の数字がとても増えましたが、テレビや車・物体の番号も量とは無関係です。電話・鍵など、とても多いのですが、無意味な？並列の羅列です。

電化・ロボット化がさらに進み、便利な人工的な生活では、数や量の実体験も少なく、大小や長短の感覚や認識がおぼつかなく、実感がない。数の抽象性・相対性・二面性で、多様で・バーチャル的に、子どもは何とも分かりにくく混乱します。
（おやつのわずかな差を一瞬で見比べて、すばやく手にしていた昔の兄弟もいません、経験不足でキャッチ能力も×？）

またテレビをよく見る生活では、CMまでの15分足らずの集中時間です。30分以上の連続作業が苦手になるかもしれません。
細切れ的に不連続な急変性のある映像は見るだけとなり、落ち着いた表現は少ない傾向です。
幼い脳は理解不能でパニックかも？（変化に気を取られるだけ？）
やがて、思考不能性や丸のみの受け入れのみになりがちかも？
（知的な感性や情報知識が、世界的に必要になっているのに、日本の環境は不向きに思えます）

さて、基礎的な学習には初めてが多く、くり返しが必要です。
文字を読めても書くのには、数も正解に必要な四則計算も、くり返し多々のトレーニングが必要で、やらなくてはすらすらになりません。
（特に分数計算では四則計算の速やかな正確性が欠かせません）

くり返しで、その意味がわかることもありますが、まずは正しく読んで、文章の理解が必要です。イメージして・条件を分類し・整理し・認識します。（絵にできるか？）

問題に数多く触れていれば、やがて理解され、正解が容易になります。

難問はさらにくり返しが必要で、意思や粘り強い忍耐も必要です。
解答への閃きは、くり返しで得られることも多々あります。
らくをして、すらすらとすぐ答えられる、のは不可能です！

２）就学前に
具体的に実体験をたっぷりと遊び的にくり返させて、実感を確立後にバーチャル（＝抽象）な感覚にも馴染ませ、認識理解の基礎を育てます。

「数」の世界は正しい手順でやれば、必ず同じ結果で、納得しやすいものです。
分かった・やれた！の積み重ねは、自主性の資質が、自由の快感が強められます。学習否定性が弱く、意欲が強まるでしょう。

まずは目と手で、１対１の対応を多々くり返して、数の感覚や概念がわかります。
また飽かせずにくり返すためには、変化と楽しさが必要です。
木の実や木の葉・貝殻を数えたり、紐通しや組木のピースなど、あるいは、食器やおやつなど、色々といくらでも使えます。

分類・集合・比較などと整理して、やがて文章題や問題が解けます。
実社会で生きていくための問題も、整理して分析して、解決する能力になります。

おやつなども良いチャンスですから、遊びます。
「小さいクッキーを三つ、丸い煎餅を二枚ね」と明確に言ったり（聞い

9．知郁あそび（＝就学準備）

ていなくてもよい！）、「丸くて薄いものを三つ…」と子どもに取らせます。
タオルを1枚とか、お皿とコップを2つずつなどと、明確に言います。

三角形の図形遊びもさせましょう。
同・異型の角度の変化で、全く異なる美しさが現れ、新しいパズルを創り出せます。
（シュタイナーは「フォルメン線描」で、幾何の三角形などの図形表現を薦めています）
形の変化にルールの発見などの閃きの感性や、動じない知的な世界にも触れられ、大人でも楽しめるでしょう。

（でも、「遊び！の結果が気になるなら、或いは、お子のミスに苛立つなら、やらせない方が良いでしょう）

5．言語・数あそび

…急がず・遊び！・知ると楽しい・早期がよいのではない

1）『言葉遊び』
a 「手遊び唄（童謡も！）」
　　　　～手と聴力をよく使い、脳力を高める
　・言葉のくり返しやリズムを楽しむ。
　　　　～げんこつ山のタヌキさん・大きな栗の木の下で・おべんとう・カレーライス・1本でも人参…
　　　　※「ハトポッポ」（…は1歳児前後の発声準備にも良い）

・ジャンけん…もとても良いので、分化して遊びましょう。

273

～グーグーパー，グーチョキ，チョキパーパー…など。

（※・おだやかなママの地声は安らぎ・リラックスです）

b 「言葉集め」（「分類」にもなり、知識片の整理にも良い）
　・動物園にいるものナーニ？（所）
　・「あ」のつくものナーニ？（文字）
　・赤いものナーニ？（色）
　・丸いものナーニ？（形）
　・空をとぶものナーニ？（機能）
　・「・・ちゃん」の好きなおやつは？（記憶）…などなど
　　　　　　　※答えが多くある、易しいものからどうぞ

c 「なぞなぞ」
　・ex　海で泳ぐものナーニ？
　　　　　→　海にいて足が10本あるものナーニ？
　・ex　ご飯をいただく時はなんて言うの？
　　　　　→二つ一緒でないと使えないものナーニ？　…などなど

d 「反対言葉」
　・象は大きいね～　小さいものは？
　・象は大きいね～　兎は？
　・お父さんは男のひと～　女のひとは？
　　　　※多くて易しいものから、次第に一つのみの答えにします

e 「しりとり」
　・パスあり → タイムリミット
　　～名詞 or 文章 or 動物 or 花 or 食べ物…

f 「俳句（→ 短歌，詩）の暗唱」
・同一の俳人よりも、なるべく多くのさまざまな俳人を選ぶ
・言いやすい句や日常的な言葉、短いものから…

g 「かるた取り」
・初めは、仲間入りを誘いません
　→やりたがったら「ちょっとだけネ！」
・見ていて、わかり始めたら、メンバーです。
・下手でしょうから、さりげなく、応援してやります。
　（…キライにさせないために！）

そして！　絵本の読み聞かせもたっぷりとどうぞ！（ママのお膝で）

2）『数遊び』
a 「数唱」
具体的に、物と対応・確認しながら（1対1の対応）、数えます。
日常生活で、おやつや料理、衣服やトイなどで、数を明確にする。
おはじきや小石・どんぐり・木の葉などを数えたり、分けたり、対応して並べ比べます。

b 「どっちが多い？」
どんぐりやおやつ、おはじきやトランプや数字などのカードを使います。
一握りしたり、スプーンですくったりして、並べて比べたり、数えながら一つずつ出し合ったりします。
1グループの数を即時・見知ることも必要です。
また、「1・2の3！」で二人同時に、互いのカードを出し合って、数の多い方が相手のカードも取ります。戦争ともいわれる遊びです。

c「さがそう」
　数では一枚一カ月のカレンダーを使います。（昨年の物を利用◎）
　数字を捜して、〇印や×印を書いたり、シールを貼ったりします。
　数字につけた印が横線や縦線になるようにし・斜線や市松模様・奇数や偶数捜し（ママの発音）など、手と目で数字に親しませます。
　また、絵本や新聞紙などで、特定の数字や文字、漢字さがしも楽しいでしょう。
　その数の多少とか、時間制限すれば、ゲームになります。

d「いくつ？」（計算＝記憶？）
　◆ダイス（大きい木製がよい：30mm・五色・各￥200くらい）
　　・一つを振出して、そのまま「いくつ？」
　　・振出してすぐ、覆い隠して「いくつ？」（記憶もアップ）
　　・二つを振出して、合わせて「いくつ？」〜覆い隠して「いくつ？」
　　・三つを振って「いくつ？」〜覆い隠して「いくつ？」

　◆指
　　・片手を出して、指を1〜5のいずれかを見せて、「いくつ？」
　　・同じように見せてから、隠して、「いくつ？」
　　・両手を見せて、指を折り、「いくつ？」、〜隠して「いくつ？」

　いずれもまず、5〜6までをうんざりするほどくり返します。
　一度の遊びの回数は、3回からせいぜい5回までで、さっさと早く（1分ほど）、楽しく終わります。
　初めのうちはそのまま見せて、ゆっくりと数えながら。
　すらすらになったら、見せたらすぐ隠します。（集中力と記憶力のレベルアップ）

5までのくり返しが不充分なのに、10へと急げばやがて計算嫌いになりかねません。
基礎ほど時間がかかります。
5～10までを徹底してから、ダイスの二つ（＋12）に進みます。
入学後も続けてもかまいません。
ママとの遊びとして、ゆっくり休まず、少しずつ、楽しくどうぞ！

e 「25・100ます計算」～「エレベーター計算」
入学時の未知は不安になりやすいもの、でも見て分かるのであれば良い。
授業が既知であれば、本来は無用です。退屈でよく見・聴かない授業ならば、やがて習慣化の恐れで、学習にはハンデです。
就学1年前の秋頃からは、ます計算などで、授業と違うやり方で基礎的な計算力アップを始めるのも良いでしょう。
（退屈授業や×マナーの防止になるかもしれません・ます計算の「幼育研究舎」製あり）

3）『図形遊び』
右脳の働きを代表する一つで、抽象的で、解決は一瞬の閃きで可能です。
2次元の面から、立体へ進むので、イメージし、手を使います。

a 「折り紙」
日本のオリジナル「折り紙」遊びは海外からも評価されています。
1枚の平面から多々な立体化が可能な、不思議さがあります。
宇宙衛星で太陽エネルギーを得るためのパネルの収納方法を、折りたたみの理論から生み出した博士もいます。
また、折り紙でよく遊ぶと、うっかりミスを防ぐともいわれます。

角度を理解しやすくなり、手作業もきちんとするでしょう。
（正確の重視で、「押しつけ？」的になることもあります）

b「積木（＝図形）」

壊すことから始めます。
立体や空間認識、正確性や手の作業力を学びます。
個々の形を正しく知るためには、白木が良いでしょう。

◆「立方体・直方体のみ」
容器が同一形で、各に異形の立方体と直方体を同数入れたものがあります。
中の形は違いながら、体積は同じ不思議さや、分数の抽象概念を実体験で裏づけられます。
数や量、形をたっぷりと具体的に確認して遊び、よく知れば、分数の抽象概念は容易に理解されるでしょう。

幼児の手に合うサイズですが、わざと面取りしてありません。
ていねいに２種の硬木で作られ、色付けていません。
全シリーズが必要ではないでしょうが、３〜４種類は入用でしょう。
「立方体」は８ヵ月頃から、つまんで積むだけでもOK。
また、１歳頃から入れたり出したりするだけでも、よく見て手を使います。
いうまでもなく、セットものでは分数理解に進みづらいでしょう。

c「三角形のピース（〜各種）」

三角形は面積として最少で、立体化にも最少の角度で安定します。
つまり、近代建築を支える数学の基礎です。

9．知郁あそび（＝就学準備）

美しい色々な三角形のピースで、模様化を楽しみながら遊べば、直角・鈍角・鋭角・正三角形や六角形などの面白くて不思議な性質がしぜんに理解されます。

易しいものから、複雑へと抽象の形の美しい変化が楽しい。
教えないで、モザイクパズルを楽しんだママやパパの仕上がりを、見るだけでもOK。

模様を工夫し（＝集中思考・拡散思考）・イメージし・ルール性や美的な感性も楽しみ、右脳を刺激するでしょう。一部分や色の変化だけでも印象がガラリと変わり、意外性も楽しい。
数や量、形や色などの合体や変化で、知的で美的な感性を学び、記憶力も高まるでしょう。（「童具館」製あり）

６．外国語

１歳までは母国語のみをよく聞かせます。ごちゃごちゃとミックス的では、習得にハンデは当然です。

親や隣家に親しい外国人がいればラッキーですが、そうでなければ、急ぐなら早くても「１歳後〜」からテープや絵本で、その外国語（まず音楽が良いでしょう）を聞かせます。
日本語ではない「何か」の響きに、耳をなじませるためですから、少しずつ（毎日、休まずに３分まで）つづけます。

簡単な会話や単語を早期に強制するよりも、音声の意味を自分で分かる方が、ずっと楽しいので、なるべくは中学生からがお薦めです。（基本的単語の習得も容易でしょう）

外国語は中学生から高校生にかけて、しっかり学んだ方が良いと言われています。会話だけでOKではナイ！ので。

（民族としてのアイデンティティが不足し、文化性が少ないと、外国語の発音ができても、内容不足で評価されない、などと耳にします）

１歳まではまず日本語の同じ言葉をゆっくりとくり返して、聞かせます。
他国語は余分な記憶の強制になりますから、混乱しやすく、まずは母国語のみにします。
童べ唄や手唄遊びなどもリズミカルで、言語能力を高めます。

急ぐなら、およそ言葉が使え始めた３歳児以後の通塾にします。
親が外国語を話せないのなら、テープなど機械音に頼りますから、ほんの少しの間（初めは３分位）、１日に１回聞かせます。定刻にすれば習慣化しやすく、子どもが自らやります。食事中は禁止です。

幼時はなるべく生きた声が好ましいので、絵本もよいのです。
読んでやる場合の発音の上手下手は問題ではありません。パパ式とママ式の発音に差があろうとかまいません。

しかし、テープであれば正確な美しい発音のものを選びます。
５歳児でも10分止まりにします。どの国の言葉でも同じです。
短い歌を楽しく聞くことから始めると、続きやすいでしょう。
２週間くらい同じものを聞かせて、暫く変えて、また同じものをくり返すのも良いでしょう。

ずっと、童話や音楽のテープ、あるいは、絵本や童話、詩などを小学生

9．知育あそび（＝就学準備）

修了まで聞かせ続けます。
（覚えてほしいからといって、テストしたくなるのなら、お止めなさい）

書かせないで下さい。
シュタイナーも聞かせるだけで良いとしています。
（近年の英語塾の宣伝でも、聞くことのみを主張しています）

付　記

涼やかな碧き水の星・母なる地球に「在るを許された万て」を是とし、仲間視し、感謝するは古よりの「神道」でもあり、制約も無いかのようで、日本の自然的文化の基礎のようです。
山を木を、石や水や滝をも神と敬い、そのおかげを認識してこそ、地上存在が許されましょう。

ヒト化の精神性・社会性は共感・共存性で進化しましたが、**聖徳太子**もまた「和をもって…」と民族の組織の基を定められ、民も是とした今日なのです。
さらに**空海**もまた、１草木の命をも愛おしむ仏教の伝播に加えて、平仮名を創りました。片かなや漢字の音訓読みの４種の文字で、知識や情報の伝播・普及は民にも及び、資質も自育されました。

小さきものへの優しさも古来より続き、まずは**鳥羽僧正**の「鳥獣戯画」にて優しくも可愛らしく表わされ、**丸山応挙**や、また万物礼賛かの如き**伊藤若冲「動植綵絵」**にも現され、どこか**手塚治虫**の線描にも繋がれていると、感じられてなりません。

戦国時代にあっても、平和そのもの的な平民達の身なりや往来の**「洛中洛外図」**や、楽しさのみの祭礼図や**「豊国祭礼図屏風」**などの伸びやかな豊かさは一体なぜなのか、と拝観時にはいつも疑問です。

付記

連綿と続く共存共栄の感性こそ、この尊き我らが地球の豪華絢爛な生と美を維持し得て、そは慎ましやかな民族の姿にあり、とアインシュタイン博士は賞賛されたのでしょう。

日本で年を重ね、日本文化に触れて、自国とご先祖に深く感謝です。
品格高き雅楽や豪華絢爛たる歌舞伎、2人のみの太夫で語られ、演じる文楽、男性たちの能や狂言、永遠に生きるかの焼物や明日知らぬ庭木、茶華道に、織り・染め・縫う和服や大漁旗・手ぬぐい、お祭り多々の、言葉尽くせぬ我が日本の文化！

文化は勝負事ではないので、日本だけが素晴らしいの、1人勝ちの意味合いではなく、お世話になる自国の是は当然でございましょう。
我が自国の風土の維持継続も願わざるをえません。

大陸の多くの国々の侵略は世界史にて証明済みです。
20世紀には我が国も近隣国を侵略しながら、他国と違い、教育やインフラ整備などにつくしました。だからといってよいとは申せませんが、敗戦後のアジア諸国も今、独立国として輝いておられます。

しかし、国連では、三四半世紀（75年）を経ようとしても今も、日本を「敵国」とし続けています。敗戦後の焼け野原で汗水たらして、兎小屋に住みながら、平和に努めODAなど多々なる償いをし続けてもなお！
欧米では、かのイスラエルでも反ドイツ教育はされず、ドイツの領土は返還され、イタリアも過去は忘れられたようです。

他の2国とは違い、多額の国際貢献をしながら、なぜかなおも反日教育され、拉致や領土侵犯をされ続けられています。

283

平和愛好の日本の、殆どの近隣国は核保有し、今も安らぎは無く、アインシュタイン博士もきっと泣されていらっしゃるに違いありません！

資源に乏しい国土ですが、ご先祖からの文化や技術を支えに質素勤勉して、何とか先進国に仲間入りできたようです。
しかし近年は、浮かれたのか、絶望ゆえにか、明日に備えない楽しみ事が主になり、過剰な謙譲語になり、さらに言葉の語彙が少ない社会には幼児化的な感もあり、知性の退化が疑われてなりません。

日本に生きた母の身には、母ゆえに、明日に生きる次世代の痛ましくも過酷な今日の環境に、只々胸ふさがれる思いで一杯です。案じられてなりません。

(「マザールーム」の初版23年後に、再び2稿目を提供するとは、夢にも思いませんでした。いずれも遺言として、力不足ゆえに自費出版です。
拙い私をお認め下さった方々と、お目をお通し下さる皆様のご縁に、心から感謝申し上げます。吾子2人とこの地球にも！）

次世代の幸せを願いつつ…　　　　　　　　　　　　　西川とし子

付記

ご支援に感謝します。有難うございました
（敬称を略させて頂きます）

　　上田　　薫　　　元都留文科大学学長
　　松本　直司　　　名古屋工業大学名誉教授
　　島田　隆道　　　元桜花学園名古屋短期大学教授
　　舟橋　辰朗　　　中部デザイン協会会長
　　山田　正雄　　　デザイナー（おり布）
　　谷口　龍三　　　BeWood 社長
　　杉浦　幸男　　　カメラマン
　　西田ちひろ　　　看護師

著者略歴
　名古屋市立保育短期大学卒（1958）
　幼稚園・保育園・音楽教室・数学教室・自習塾を経
　幼育研究舎設立（2005）
　協育 NPO 母里ん子設立（2007）

自費出版　　「マザールーム」（1996）
　　　　　　　「幼育マニュアル」（2003）
知郁用材作成　「いろは俳句・短歌ノート・ことば遊びノート」・
　　　　　　　「偉人のお言葉より」・「三角形」・「万華帖」・
　　　　　　　「25・100桝計算・エレベーター計算」・
　　　　　　　「シンメトリイ」　※「おり布～山田正雄」

10. 付録

1. 母子協育…「協育NPO母里ん子」の場合
2. 知郁あそび用材（ご紹介）

１．母子協育…「協育 NPO 母里ん子」の場合

１．目的〜幼時期の資質化アップ

　　　　　　　　　　　（バランス→20年後の○！）

> 『母子の群れ』
> 　〜母１人では育たない・育てられない！（≠類人猿）
>
> １）幼時期の母は女神的存在
> 　　（誕生＝無知・無能・不自由の極限体での不安！）
>
> 　　「安らぎ」→
> 　　食事・安眠・集中・記憶・認識・トライ共感・
> 　　受け入れ・コミュニケーション＝◎
>
> ２）人間化
> 　　共存（社会性・ホーム形成）・自立・群れ化
>
> ３）健やかな心身の育成（バランス）
> 　　身体機能・有能な脳と諸能力・学力・習慣とマナー
>
> ４）自己肯定
> 　　内性〜多様なあそびや作成などでの自己確認
> 　　外性〜愛され認められての肯定確認感

> ※『母！』
> 他の子＝ベストトイ　〜他の母仲間のおかげに感謝
>
> 「協育」＝見る・知る・マネ・学び・助け合い・
> 　　　　　自立（甘えない）・多様多々（＝人間性up）
> 　　　（→吾子＝他児）

２．日常活動

１）母子の協育…母子（０〜６歳）の群れ

> 母子の協育
> 　〜安心・安全・多様・共感・健康・自由・自立

a 定例活動〜週３全日
　①室内あそび（午前）…「和室・広間」内で・２時間
　　・安全（畳〜クッション・植物）
　　・集中（空間・中間色）…清潔に使用
　　　　　　　　　　※ 終了後→公園などで昼食
　　a ムービメント
　　b 手唄あそび
　　c 手あそび

> ・バランスのよい身体と機能の育成（＝自育）
>
> ・母子ともに〜共感・聴力・発表・言葉（→外性自己肯定）
>
> ・手で多様な物に触れ・具現化・集中（→内性自己肯定）

　②屋外あそび（午後）…自由な群れあそび

b 非定例活動
　③多様な（適度な）刺激・体験
　　…茶道あそび・知郁あそび・自然・調理・お泊まり・農事
　④社会性訪問…各施設・高校…など

> ◎「**あそび！**」
> 　＝自由・自主情報・感性とスキルUP・閃き・好感・意欲…
>
> ※「**×強制**」
> 　◎参加（気ままに）の誘い・挨拶（年長児＝義務！）
>
> ※「**母＝よくよく見て・診て・看て…**」
> 　　→見ぬふり◎！
> 　　　（危険・トライ・ミス・自由・自立・判断…）
> 　　→見つめる×！
> 　　　（〜母や大人の顔を伺う・従う・指示待ち）
> 　　　　　　　→　×自由・判断…

２）家庭内育児
非活動日（週２〜４日）

「ホーム」…安らぎ・自由・初めの人間化学習

> **母子の絆**
> 　（与え・愛し・守り・育む…）の導き

①生活自立（年齢に沿い・急がず・やらせる）
　・「自分でやれること」は自分でする（基本自立）
　・生活習慣のトレーニング
　・ホーム形成員の義務、マナー
②他者（社会生活＝共存）との基本的マナー
　・挨拶・お礼・お詫び・待つ・譲る・後始末

定例活動の具体

A. ムービメント ～バランスのよい身体・機能アップ
１）「這う」～腹這い・膝這い・高這（＝必修）
２）ぞうさん・ペンギン・猫・キリン・アザラシ
３）「おいもゴロゴロ」・長いも・長々いも・飛行機
４）兎・蛙・カンガルー・チーター
　　・「グーパー」・「グーパーグー」・「グーパーチョキ」
　　・「グーチョキパー」・「チョッパー」・片足立ち
　　・スキップ（１→２→３歳～年長児）
５）カニ・蜘蛛・アヒル・ドス来い・手押し車
６）「手組み歩き～２・３歳～」・亀・ブリッジ
７）逆立ち・前回り・側転・逆転

8）ママと～開脚跳び・コアラ・肩車・馬跳び・背渡り・ワッショイ・
　　ブランブラン・ウルトラマン・花一もんめ
9）その他～鍋鍋そこぬけ・手つなぎ

```
「楽しく！」
　…多様な動き＝バランス
　　変化OK＝自由
　※「強制×」（年長児＝強制◎）
```

B．手唄あそび（輪になって…）

1）指あそび ～

片つむり・茶壺・お弁当箱・三匹の子豚・数え歌～「1・2の3の…」・「イチジク～」・「蛙の夜回り」・「キャベツの…」・「八べえさん」・「パンやさん」・「フランスパン」・「干物」・「何でしょね」・「菊の花」・「魚がはねた」・「サンドイッチ」・「たこ焼き」・「納豆ねばねば」・「ポッポのお家」…

2）童謡（ママの地声で～）

「お正月」・「春よ来い」・「春が来た」・「おひな様」・「メダカの学校」・「雀の学校」・「鯉のぼり」・「雨雨降れ降れ」・「シャボン玉」・「七夕」・「リンゴ」・「兎」・「どんぐりころころ」・「夕焼け小焼け」・「虫の声」・「松ぼっくり」・「雪やコンコ」・「四季」…

3）言葉あそび

～七草（春、秋）・「なぞなぞあそびうた～」・「ことばあそびうた～」・「アサリ・ハマグリ・しじみ・白貝・さくら貝・ぶう貝・バカ貝・真珠貝・宝貝・カキ・檜扇貝（ひおうぎ）・ツノ貝」…

4）暗唱〜
「俳句いろはノート・短歌（＊幼育研究舎）」
般若心教・家康公遺訓（岡崎部）・金子みすゞ詩集…その他

5）母と身体あそび〜
「キュウリ」・「大型バス…」・「バスに揺られて」・「猛獣狩り」・「忍・忍・忍者」・「ジャンケン列車」

6）その他
　a．輪唱〜「蛙のうた」・「蜂」・「蛍こい」・「静かな湖畔」・「熊さん」
　b．英語〜「頭、肩…」・「10人のインディアン」・「キラキラ星」
　c．手話〜「大きな歌」・「私の名前は」・「虹」・「お使い蟻さん」「私からあなたへ」・
　d．ドレミ〜「チューリップ」・「日の丸」・「キラキラ星」・「蛙の歌」

◎母の地声・聴く・マネ…
　２歳児（or 入会後暫時）までの「不参加＝OK」
　　　（＝「見ている◎！・やれない不安…？」）

C．手あそび（作る・創る「こと」）

1）『初めの誘導』～やり方の説明など少し
　　→「パターン」～下手でもOK

2）『自由（閃き・イメージ・クリエート）に…』
　※「レベルアップ」（～毎回・少しずつ・「やれたヨ」＝◎）
　　　1）早さ　2）増量　3）正確
　※『遊び＝一過性◎！』（×保存＝見せるため？）

『楽しく、伸びやかに！』
　　1）貼る～シール（丸・キャラクター×）・ポストイット
　　　　刺す～マップピン・型押し…
　　2）描く～「シンメトリー」・形象・テーマ（単一）…
　　3）折る～正方形・長方形・丸・（大・中・小…・濃淡・薄紙）
　　4）切る～直線・曲線…一、二、三、四重…。紙質（＝多々）
　　5）組む～ケルン・組み木・モザイク・
　　6）分類～ピース（紙、木片など同・異型の多々）
　　　　　…色・音・匂い・質　→多様な器・場に…
　　7）つまむ～指・スプーン・トング・箸で移す、挟む
　　　　　（皿、器、仕切り箱、お弁当箱）など
　　8）編む～三つ編み・指編み（紐・マフラー…）
　　9）包む～ハンカチ・スカーフ・手ぬぐい・風呂敷（折り→…～）
　　10）縫う～短冊→形化・ボタン留め（マップピン、毛糸針…）
　　11）粘土～向き合って「自由！に」…（立体化を求めない）
　　12）総合～組み合わせ（自然物・木っ端・小箱）…
　　　　※　机上の整頓（ゴミ片付け＝即・大人ワーク）

D．屋外あそび

（自由な群れ遊び～午後の公園などで）
　～身体機能・コミュニケーション・マイペース・閃き・土・季節感・
　◎「草履・下駄・ハダシ」

※「雨天（～ホールなどで…）」
　…ボール（柔い大→中大・中）・絵本・紙芝居・組み木・お好みの
　トイ・カードゲーム…

E．非定例活動 ～体験増→意欲・好奇心・トライ…

1）「茶道あそび（～和の感性 up）」
　～和室感性・正座・沈黙・待つ・お辞儀・お茶とお菓子を頂く
2）「自然」～畑（土・虫・野菜）・雪あそび
3）「調理」～料理（おやつ…）・バーベキュー
4）イベント～お泊まり（在会2年以上・5～6歳児○）
　施設訪問・高校訪問
5）部内イベント～「お楽しみ会」「お別れ会」（×プール）
※6）「知郁あそび（＝入学準備・教室制）」
　　　　　　　…年長児のみ1年（毎土曜日）・少人数（～7名）
　　　　　　　母達の交代指導性（カリキュラム）
　～授業トレーニング（50分着席・学習作業）
　　学習能力（聴く・考える・応える・トライ
　　　　　…知的な感性＝「知育あそび」）
　　基礎学力（「文字・数」→×入学不安・学習嫌い
　　　　　…記憶少め＝ゆっくり）

2．知郁あそび用材

1．ご紹介

① 「俳句いろはノート」
② 「短歌いろはノート」
③ 「ことば遊びノート」
④ 「万華帖」
⑤ 「三角形」
⑥ 「線描（シンメトリィ）」
⑦ 「25ますけいさん」
⑧ 「100枡計算」
⑨ 「エレベーター計算」
⑩ 「偉人のお言葉より」
※ 「おり布」（〜山田正雄）

お頒けします　「幼育研究舎」　※振込先〒00840-5-103019

『四感を使う脳トレーニング　知郁あそび』

NO.1　¥3,500
（三角形・シール貼り・25ますけいさん…各5枚・俳句いろはノート）
NO.2　¥4,500
（三角形・シール貼り・25ますけいさん…各7枚・短歌いろはノート）

お頒けします　「幼育研究舎」

俳句いろはノート・短歌いろはノート・ことば遊びノート・万華帖・シンメトリィ・三角形・25ますけいさん・100枡計算・エレベーター計算・おり布

※ご了承下さい
　・「1セット頒布」（fax 052-783-6315）
　・他へ転写及び転売や貸与の禁止
　・育業関係者はご遠慮頂きます

２．使用ガイド・教材別

Ⅰ　1)「いろは俳句ノート」・１歳児〜〜
　　　〜①聞く…３回・言葉（多様・美的な表現）・リズム
　　　　→②暗唱…３回（忘れて良い）

　　→2)「いろは短歌ノート」・俳句終了〜〜
　　　　〜①聞く…＝俳句
　　　　　→②暗唱…＝俳句

　　3)線描（シンメトリィ）・３歳〜
　　　　〜①点線をたどる（クレヨン・１回１枚・持ち方＝→鉛筆）

　　4)文字のおけいこ・年長児（４月）〜
　　　　〜①毎日１字＝「あ〜お」の発声後に３回・教える
　　　　　②１週間同字・毎週１字増（下手でも！）

　　→5)「ことば遊びノート」・文字が書けてから〜
　　　　〜①各行（１ページ）を１日１回
　　　　　②１冊後→１冊分のくり返し
　　　　　→③自作ノートを２回（＝２冊）

　　→6)「いろは俳句ノート」の書写

　　→7)「いろは短歌ノート」の書写
　　　　〜４・５年生（ゆっくり◎）

Ⅱ　1)「25ますけいさん」・年長児の新年〜消しゴム不使用〜
　　　　〜①毎日大桝（5×5＝25問）1をやる
　　　　　②採点は大人がやる（子どもの見ていない時に）
　　　　　③始める前に、前日のミスの訂正をする
　　　　　④スラスラでも3回いじょうの復習
　　　　　（10枚単位・71番以上は5回以上◎）

　　2)「100桝計算」〜「25ますけいさん」の後〜
　　　　＝やり方（※4倍になりイヤがる！）
　　　　　　〜4〜5年生◎
　　　　〜①足し算＝すらすら（5〜6分・×3個以下）
　　　　　→②引き算へ

　　3)「エレベーター計算」〜1日1問〜6年生まで◎

Ⅲ　1)「三角形」〜2歳〜
　　　　①2歳…同形探し〜立て並べ〜形作り〜複雑化
　　　　②3歳…同型マネ〜新形作り〜複雑化
　　　　③4歳…テキスト可（1回2ページ以下）
　　　　　　　　　※「童具館モザイクセット」
　　　　　　　　　・六角形ボード版1枚
　　　　　　　　　・各三角形（正・二等辺・不等辺）

　　2)「万華帖」〜2歳〜
　　（シール2〜5種で選ばせない・円形のみでキャラクター類×
　　①小〜中寸の折り紙・形の違う紙・ボール箱などに、自由に貼る
　　②「万華帖〜レベルとシールのサイズを変えて使用（コピー可）・
　　　いろ

③5〜6歳…サイズ増（→5㎜）・色数増などOK
※各種シール使用後の補強は致しません

3)「おり布」〜2歳
　①会話
　②壊す・ほどく
　③折る（易しい→半年に一形でOK）
→④指人形のように、寸劇をする
　（1〜全部使用可・家族で一緒◎）

3．使用ガイド・年齢順

1）0歳〜
　①「俳句いろはノート」
　　1）聞く…3回・言葉（多様・美的な表現）・リズム

2）1歳〜
　①「俳句いろはノート」（1）に準じる）
　④「万華帖」（＊シール＝文具店）
　（シール2〜5種、選ばせない・円形のみ、キャラクター類 ×）
　※「おり布」
　　①会話（ママが作って…）

3）2歳〜
　①「俳句いろはノート」
　　1）聞く3回〜暗唱（忘れて良い）
　④「万華帖」
　　1）レベルとシールのサイズを変えて使用（コピー可）

　　　　２～３種（色）まで・選ばせない
⑤「三角形」
　　１）同形探し～立て並べ～形作り～複雑化
　　　　　　　　※ピース＝「童具館モザイクセット」
　　　　　　　　　・六角形ボード版１枚
　　　　　　　　　・各三角形（正・二等辺・不等辺）

※「おり布」
　①会話
　②壊す・ほどく（１～２種類まで）

４）３歳～
　①「俳句いろはノート」
　④「万華帖」
　⑤「三角形」
　　（２）同型マネ～新形作り～複雑化
　⑥「線描（シンメトリィ）」
　　（１）点線をたどる（クレヨン・１回１枚・持ち方＝→鉛筆）
　※「おり布」
　　①会話
　　②壊す・ほどく
　　③折る（易しい→半年に１種類）
　　④指人形のように、寸劇など～家族で◎

５）４歳～
　①「俳句いろはノート」
　②「短歌いろはノート」
　　（１）聞く
　④「万華帖」

⑤「三角形」
　（3）テキスト可（1回2ページ以下）
⑥「線描（シンメトリィ）」
※「おり布」
　5）3・4種類可

6）5歳〜
①「俳句いろはノート」
②「短歌いろはノート」
　　聞く〜暗唱
④「万華帖」
　　シールのサイズ増（5㎜〜）
　　色数増などOK
⑤「三角形」
⑥「線描（シンメトリィ）」
※「おり布」
　2）〜4）全種可

7）6歳（年長児）
（1）年長児4月〜
・文字のおけいこ
　　1）毎日1字＝「あ〜お」の発声後に3回・教える
　　2）1週間同字・毎週1字増（下手でも！）
　　3）2回繰り返す
（2）文字が書けてから〜
③「ことば遊びノート」
　　1）各行（1ページ）を1日1回
　　2）1冊後→1冊分のくり返し

→3）自作ノートを2回（＝2冊）
　（3）年長児の秋・お正月頃〜
　⑦「25ますけいさん」 消しゴム不使用
　　　1）毎日大桝（5×5＝25問）1つをやる
　　　2）まる付けは大人がやる（子どもの見ていない時に）
　　　3）始める前に、前日のミスの訂正をする
　　　4）スラスラできても、3回以上繰り返す
　　　　（10枚単位・71番以降は5回以上◎）

（参考）小学1年生以上
①「俳句いろはノート」
　　　1）書写　2・3年生頃〜
②「短歌いろはノート」
　　俳句終了の後
　　　1）書写　3年生頃〜　4・5年生（ゆっくり◎）
⑤「三角形」
⑥「線描（シンメトリィ）」
⑦「25ますけいさん」
⑧「100枡計算」
　「25ますけいさん」の後〜　4〜5年生◎
　　やり方（※4倍になりイヤがる！）
　　　1）足し算＝すらすら（5〜6分以内、×3個以下）
　　→2）引き算へ
⑨「エレベーター計算」
　　3・4年生頃〜　6年生まで◎　1日1問〜
⑩「偉人のお言葉より」
　　2年生頃〜

10. 付録

※　四感を使う脳トレーニング（高齢者向き・幼育研究舎製）
　　『知郁あそび（1・2）』
　　　～切る（三角形）・貼る（シール）・計算（25ます）・暗唱と書写
　　（俳句いろはノート・短歌いろはノート）

①俳句いろはノート ②短歌いろはノート ③ことば遊びノート

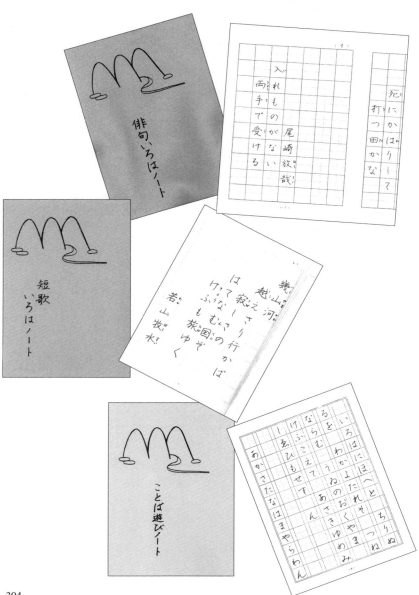

10. 付録

④万華帖

305

⑤三角形　⑨エレベーター計算

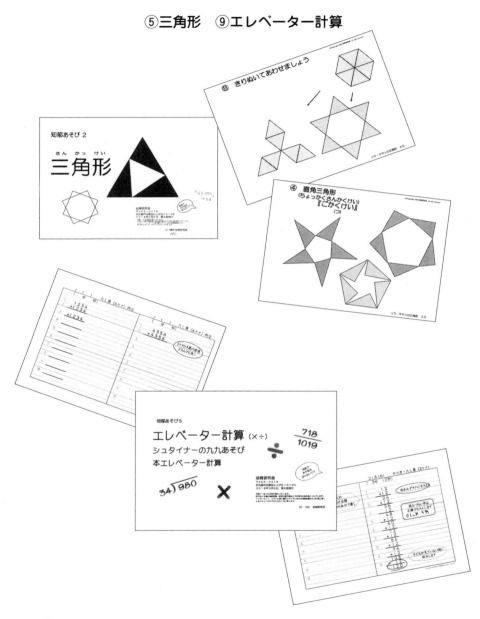

10. 付録

⑥「線描（シンメトリィ）」

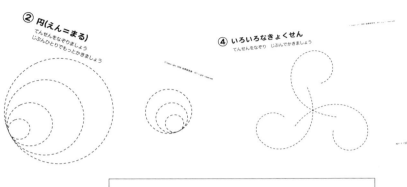

307

⑦25ますけいさん ⑧100枡計算

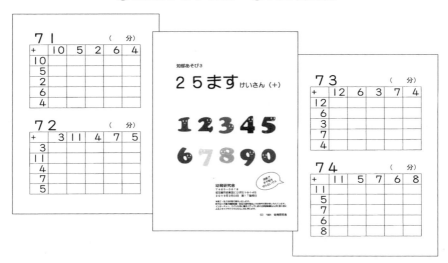

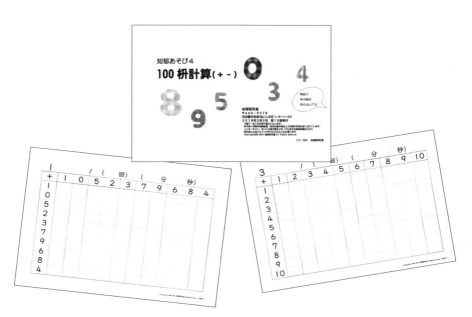

10. 付録

遊び方ガイド

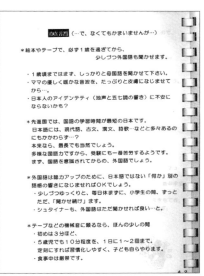

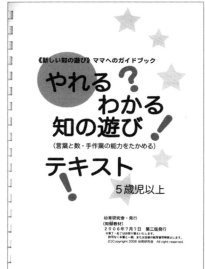

おり布

おり布
1990年
名古屋市デザインコンペ
(育み部)グランプリ受賞
山田正雄

10. 付録

おり布（折り方）

╔═══ 本書に関するお問い合わせ先 ═══╗
特定非営利活動法人協育NPO　母里ん子 ― morinko ―
〒465-0078　名古屋市名東区にじが丘1-3-1-211
052-783-6315（FAX）
E-mail　info@morinko.jp
╚═══════════════════════════╝

生存力を強める 幼育

2019年8月7日　発行

幼育研究舎
著者＝西川とし子

発行＝株式会社あるむ

〒460-0012　名古屋市中区千代田3-1-12　第三記念橋ビル
Tel. 052-332-0861　Fax. 052-332-0862
http://www.arm-p.co.jp　E-mail: arm@a.email.ne.jp

印刷＝興和印刷　製本＝渋谷文泉閣

ISBN978-4-86333-157-0　C2037